大明海上

郑和舰队的七次远航

章宪法 著

ZhengHe's
seven voyages to the
Western Ocean

江苏凤凰文艺出版社
JIANGSU PHOENIX LITERATURE AND
ART PUBLISHING

图书在版编目（CIP）数据

海上大明：郑和舰队的七次远航 / 章宪法著. —
南京：江苏凤凰文艺出版社，2019.6（2022.4重印）
ISBN 978-7-5594-3003-8

Ⅰ.①海… Ⅱ.①章… Ⅲ.①中国历史-明代 Ⅳ.
①K248

中国版本图书馆 CIP 数据核字（2018）第 232588 号

海上大明：郑和舰队的七次远航

章宪法　著

责任编辑	高竹君　张　黎
装帧设计	马海云
责任印制	刘　巍
出版发行	江苏凤凰文艺出版社
	南京市中央路 165 号，邮编：210009
网　　址	http://www.jswenyi.com
印　　刷	江苏凤凰通达印刷有限公司
开　　本	787 毫米×1092 毫米　1/16
印　　张	13.75
字　　数	155 千字
版　　次	2019 年 6 月第 1 版
印　　次	2022 年 4 月第 2 次印刷
书　　号	ISBN 978-7-5594-3003-8
定　　价	45.00 元

江苏凤凰文艺版图书凡印刷、装订错误可随时向承印厂调换

目录

001 　　引言

面朝大海

006 　　1. 大明王朝的无敌舰队
011 　　2. 大明船队的领航者
014 　　3. 大国雄主
019 　　4. 有一种相貌叫作"忠诚"
023 　　5. 拉开帷幕的海洋时代
026 　　6. 海外尝试
029 　　7. 跨越海岸线

大浪逐行

034 　　1. 一个小国的大忽悠
038 　　2. 西洋美女的诱惑与疑惑
040 　　3. 无处不在的海外风险
044 　　4. 假驸马的真麻烦
047 　　5. 坏制度的大好处
049 　　6. 大国新径与卫国狠招

深谋远虑

056 　　1. 大明外交纪录的创立者
059 　　2. 大国外交的基本准则
062 　　3. 并不爽快的海外番王
064 　　4. 利益比威严更重要
067 　　5. 死死盯住的一座岛
069 　　6. 大明安全的第一个句号

同道殊途

- 074　1. 创业海外的中国人
- 077　2. 大明王朝的海外飞地
- 080　3. 机会的窗口与枪口
- 084　4. 狂妄只是一股烟
- 089　5. 百味杂陈的榴梿
- 092　6. 女人与海

卓越答卷

- 098　1. 大明的底气与底线
- 101　2. 国王的王冠也可以买
- 103　3. 雁过拔毛的国王
- 105　4. 挑战者的下场
- 109　5. 王后的昏招
- 111　6. 正义的命题与答卷

大国远交

- 116　1. 首位访华的外国元首
- 120　2. 留在大明的番王后裔
- 122　3. 大明王朝的"晴雨表"
- 125　4. 无处寻觅的海外番王
- 127　5. 帝王的心思与心胸
- 131　6. 娱乐中的大国外交

西洋取宝

- 136　1. 餐桌上的燕窝
- 139　2. 珍珠的辛酸味
- 143　3. 海上丝绸之路
- 145　4. 国家的祥瑞
- 149　5. 海天中的马尔代夫
- 153　6. 西洋宝物都去了哪

路在何方

- 160　1. 减肥不成功的胖子
- 165　2. 大明铁算盘
- 168　3. 让人泪流满面的胡椒、苏木
- 170　4. 太监也会有儿子
- 172　5. 一盘没有下完的棋
- 175　6. 大明最大的"烂尾工程"
- 177　7. 共同的报恩

孤帆远影

- 182　1. 旋涡中的大明
- 186　2. 明宣宗的心事
- 188　3. 旧港宣慰司的新问题
- 191　4. 面目全非的西洋番国
- 194　5. 魂兮大海
- 196　6. 两个人的余波
- 201　7. 制度的绞索
- 206　8. 大海与长城

- 211　**参考书目**

引　言

"禹迹所奄，尽入版图。近古以来，所未有也。"1368年正月，布衣出身的朱元璋在南京即位，中国历史上又一个强盛时代——大明王朝横空出世。

自秦王朝大一统之后，明朝是最后一个由汉民族统治的中国封建王朝，也是第一个使用自称而不是他称为国号的汉民族王朝。回望既往的视野转投展望未来，享国二百七十六年的大明王朝，由"国号"的细节处试图突破传统，曾经政治开明，关注民生，经济繁荣，百姓富足，国力强盛，军事强大，文化科技高度发达，为中国历史所罕有，也为当时世界所仅见。"洪武之治""永乐盛世""仁宣之治""成化新风""弘治中兴""嘉靖中兴""隆庆新政""万历中兴"光耀丹青史册，被承续的清王朝誉之为"治隆唐宋"。

司马迁曰："究天人之际，通古今之变。"明王朝历史的典型意义，不仅仅是"古今"纵向坐标上的民族自豪感。在急速凸显的全球坐标系中，明王朝实现了中华民族饱受磨难后的重新崛起，以熠熠生辉的民族智慧再度树立起民族自信，肩负起了引领人类迈向文明的历史担当。

15世纪开始，世界历史发生了根本性的变革，全球各民族、各地区不再处于各自独立的分割状态，文明的冲突与融合势同潮流。公元1500年前后，欧洲伊比利亚半岛刮起的大航海之风，引发了全球地理大发现，世界新纪元就此拉开。世界近代史上的葡萄牙、西班牙、荷兰、英国、法国等九个世界性大国，差不多有一半崛起于中国的明代。在这个不同国家相互对话与相互竞争的时代，大明王朝曾经又有怎样的作为，一度无负于这个时代？

这是一个充满机遇而又危机四伏的时代，全球视野下的大明王朝，横跨了13至17世纪。恰恰是在这一时期，欧洲结束了黑暗的"中世纪"，进入到文艺复兴和探索时代中。地理大发现引领了欧洲，革命性的变化随之潮涌，华夏独尊面临着空前的挑战。值得骄傲的是，历史上的中华民族并不失"睁眼看世界"的远见，"闭关锁国"多为特定历史时期的一个环节，更谈不上始终。伏羲、女娲兄妹成为民族人文始祖时，观察世界的基点即是昆仑之巅。炎黄始终关注着蚩尤，尧舜始终注视三苗，先人目光所及，无不止于人类视线的极限，彼此最终融为"一家人"的事实，并不意味先人放眼世界意识的收起。正因为如此，"十五英寸等雨线"始终是华夏家国的核心区，"秦岭—淮河"线渐渐变为国家的南北分界线。源于西汉的"丝绸之路"，连接了中亚与西亚，直至欧、亚、非大陆间的地中海各国，中国由此影响世界并眼观四方。"海上丝绸之路"甚至源溯秦汉，这条中国与外国交通贸易与文化交往的海上通道，繁荣于唐宋，盛极于明初，甚至让其后的欧洲大航海相形见绌。

历经明太祖朱元璋的励精图治，无论从怎样的视角看，明成祖朱棣都不失为一位大国雄主。"志合者，不以山海为远"，永乐时代的大明王朝，举行了六次壮观的海上远征，中华文明与中国影响力远至南海、印度洋和极东地方的国家与地区，漫长的航线成功地实现了大国远交。

1405年7月，郑和率领大明船队第一次远航至占城、爪哇、满剌加、苏门答剌以及苏门答剌以北之南渤利，然后前往印度西南岸重要商港锡兰、葛兰和古里；1408年初，郑和船队第二次远航暹罗、爪哇和苏门答剌北部，再一次驶往印度洋，到达柯枝、古里；1409年10月，郑和船队第三次远航占城、暹罗、爪哇、满剌加和苏门答剌，又向西驶往锡兰、葛兰、柯枝和印度马拉巴尔海岸；1413年秋，郑和船队第四次远航至占城、急兰丹、彭亨、爪哇、旧港、满剌加、苏门答剌和南渤利，然后越过印度洋到达锡兰、柯枝和古里，穿越马尔代夫群岛，驶达波斯湾的忽鲁谟斯，访问了哈德毛海岸、亚丁和榜葛剌；1417年秋，郑和船队第五次远航，中国船队第一次到达东非海岸；1421年3月，郑和船队第六次远航，到达苏门答剌、忽鲁谟斯、祖法儿、阿丹、木骨都束和不剌哇（索马里沿岸），访问马尔代夫群岛以及锡兰、古里和柯枝。明成祖逝后，郑和船队第七次梯山航海，大明声威远播海外，大明旗帜飘扬在整个东南亚和印度洋，中非之间亦"非"比寻常。

1405年至1433年间，郑和统领的大明船队七下西洋，横渡太平洋、印度洋、红海，远航欧、亚、非，到达了三十多个国家和地区，跨越了半个地球，完成了15世纪末欧洲地理大发现前世界历史上规模最大的系列海上探险。其海洋行动之先，船舶数量之多，船只吨位之巨，航海人员之众，组织配备之全，航海技术之精，航海里程之长，影响世界之广，举世莫比，大明船队也足以担当葡萄牙、西班牙船队承载的历史使命。郑和不仅是中国历史上的伟大航海家，也是比肩恩里克王子、哥伦布、达·伽马、麦哲伦等人的世界航海史上的伟大航海家。历尽磨难而不衰，历史上的中华民族，长期以惊人的智慧与卓越的成就为人类做出贡献，在经济全球化的今天，中国21世纪海上丝绸之路的构想，无疑将比郑和下西洋的壮举更为辉煌。

郑和下西洋，是大明王朝颇为好看的一段故事，也是一段波澜起伏的历史传奇。这些历史细节的深处，抹不去的就是民族自信。存于骨髓的民族自信，总是不断催生中华民族伟大复兴。但残酷的历史事实是：大明奏响了开创世界新纪元的序曲，最终却成为尘封于历史的咏叹调。赢在起跑线上的大明，无疑又输在了终点。

锦帆鹢首，牵星过洋，二十八年间际天而行，郑和七下西洋的壮举，启迪着今天，也影响着未来。

面朝大海

中国是个农耕大国，同样是一个海洋大国。五千年里，中国历经王朝更迭与疆域变迁，东南数万里海疆亘古未变，先民依海而生，国家向海而兴，有着"舟楫为舆马，巨海化夷庚"的海洋战略和"观于海者难为水，游于圣人之门者难为言"的海洋意识，海洋是国家的"第二疆土"，大明海疆亦与现代意义上的中国海疆相去未远。

　　两千多年前，孔子曾经发誓："道不行，乘桴浮于海！"事实上，孔子并没有实现自己的理想，也没有兑现乘坐木筏漂流大海的誓言，仅以其伟大的思想持久地影响中国，与中国社会进程如影随形。在大自然面前，人类总显得渺小而无能为力，从而发出庄子"望洋兴叹"式的太息，又以"精卫填海"式的勇气表达出不屈与抗争，圣人孔子概莫能外。

　　一代又一代先民们对海洋的探求，终于在大明王朝铸就令人惊叹的伟业。永乐三年六月十五日（1405年7月11日），空前绝后的大明船队从太仓驶向海洋。六百年后，"7月11日"大明王朝的那场盛典，成为了当代的中国"航海日"。历史不是赏读过去的浏览器，而是指引未来的导航仪，大明船队壮丽远航，究竟有什么值得关注的，它们又有着怎样的意义？

1. 大明王朝的无敌舰队

　　硕大的云朵奔走高天，五色的旌旗溢彩水面。盛夏的苏州府太仓刘家港两岸人头攒动，沿刘家河一字排开的大明舟师，更是一眼望不到尽头。大明礼部、兵部、户部、工部的官员，奉明成祖的圣谕在这里举行盛大的启航庆典。

明代的太仓刘家港，是离首都南京最近也是最大的海运良港。吴语"娄""刘"同音，"娄江"亦即"刘江"或"刘河"。明嘉靖《太仓新志》载："太仓城东二里许，水阔二三里，上通娄江，东入于海。"

刘家港海运始于南宋，兴于元代。元初北方经济凋敝，京师供给"无不仰给于江南"，以刘家港为起点的海道漕运应运而生，刘家港由此成为江南漕运和海运的集结地。这种商贸繁盛的天然良港，直到明末港口淤浅方趋衰落，历史就是这般不断呈现着沧海桑田。

"万艘如云，毕集于海滨刘家港"的大明舟师，在数万官民的注目下，伴随阵阵礼炮郑重启航：

率先扬帆的，是大明舟师前哨战船。这是大明舟师的护卫船只，风帆满张，旌旗猎猎，舟师官兵或佩刀或持枪，威武地立于甲板之上，不时引起两岸观众的阵阵欢呼。

紧随前哨战船之后的，是序列整齐的舟师运输船队。这些船只多数被遮挡得严严实实，只有少数士兵站立船中。

巨浪劈裂声中，大明舟师的主力战船紧随运输船后，一左一右如巨大的雁阵，鱼贯而过斜掠水面。船上官兵不怒自威，两岸观众不禁呐喊。

战船之后是几乎望不到边的更大船队，船队的中心是围观者从未见过的巨型船只。这是大明舟师的中军营，船上竟有几座雕梁画栋的彩楼，流动的水上"高楼"，看得观众目瞪口呆。

最后开航的是两列战船，它们如巨大的燕尾向河面两侧张开，随着一眼望不到边的船队劈波斩浪，浩浩荡荡地驶向远方。

庞大的大明舟师，计有各类船只二百零八艘。其中大、中型宝船有六十三艘，战船一百余艘，其他救生、作战和登陆的非载人小船只则系于大船之后。这些船舶，实际分为五个等级。

所谓"宝船"，是专为"入海取宝"建造的巨型海船，也是船队中最大的海船。

据《明史》等有关史料，大型宝船长四十四丈四尺（140.75米），宽十八丈（57米）；中型宝船长三十七丈（117.29米），宽十五丈（47.55米）。明代能有这样的造船能力？1957年，南京下关明宝船厂船坞遗址中，出土了一根巨型舵杆，全长11.07米，据舵杆榫孔测算，这支舵的舵叶高度应为6.25米左右，船体之巨可见一斑。

宝船是南京宝船厂打造的宫殿式豪华船只，宝船与船厂皆是世界独有。大型宝船是正使乘坐的"旗舰"，但豪华并不独独见于享受。大明船队前往海外诸国，展示的是一种国家形象。船队返航时，会有西洋诸国的国王、王子、亲王、使臣等随船到中国朝贡，让他们住在宝船的"总统套间"，也算是外宾接待的一种礼节。宝船相当于大型舰队中的旗舰，为整个船队的主体船舶。考虑到南海与北印度洋波涛汹涌、气象恶劣，宝船采用长于远洋航行的尖底福船结构，明胡宗宪《筹海图编》称，这种福船"其底尖，其上阔"。宋徐兢所著《宣和奉使高丽阁经》称，这种海船"上平如衡，下侧如刃，贵其可以破浪而行也"。明祝允明《前闻记》，详细记载了"清和、惠康、长宁、安济、清远"等宝船船名。

明罗懋登《三宝太监西洋记通俗演义》，更有详尽的细节描述：大明正使、副使乘坐的宝船宛若帅府，有"头门、仪门、丹墀、滴水、官厅、穿堂、后堂、库司、侧屋，别有书房、公廨等类，都是雕梁画栋，象鼻挑檐，挑檐上都安了铜丝罗网"。宗教头目乘坐的宝船上，竟建有几座大殿。

"西洋记"毕竟只是小说，有一定的夸张与渲染成分。但据《元史》记载：元顺帝曾"于内苑造龙船，委内官供奉少监塔思不花监工。顺帝自制其样，船首尾长一百二十尺，广二十尺，前瓦帘棚、穿廊、两暖阁"。环境所限，内苑龙船就小于航海船只，以此推之，"西洋记"的描述并非子虚乌有。

除了超大的宝船，其他船只也颇具规模。据明《武备志》等记载，大明船队中的马船长三十七丈，宽十五丈，八桅；粮船长二十八丈，宽十二丈，七桅；座船长二十四丈，宽九丈四尺，六桅；战船长一十八丈，宽六丈八尺，五桅；最小的战船，亦长约十三丈。

马船，又名马快船，也叫中型宝船，是明初研制出的大型快速水战与特殊运输兼用船只。明初全国各地的军队与驿站都要使用马匹，而马匹交易地又处于边远地区，迫使朝廷研发了这种特殊船只。《明会典》注：马船"以备水军进征之用"。《续文献通考》载：马船专司供送官物。

大明船队中并无骑兵，马船能有什么用场？实际上，大明下西洋船队有许多特殊的器材与物资，尤其是回国时要运输各国进贡的大型珍禽异兽，如大象、长颈鹿等，没有马船是件不可想象的事情。光绪三十一年（1905年），清廷派端方等五大臣出使西方考察宪政，端方想把德国动物园里的长颈鹿带回来，给大清增加一点祥瑞与喜气，终因无法解决运输问题只好作罢，所以整个清朝都没有长颈鹿。明朝即具备的特种船只制造与海上长途运输技术，居然被清朝给弄没了。郑和船队究竟采用何种技术手段运送大型珍禽异兽，至今仍是一个谜。

粮船，主要用来运载船队所需的粮食以及后勤供应物品。远洋船队持续航行，指望像内河航行那样沿途补给，是非常危险的。一百多年后的1521年，麦哲伦横渡太平洋时，即因食品匮乏而食保护缆索的牛皮，最终仍有一成以上的船员病饿而死。这种情形，在大明远洋船队中从未发生。

座船，很容易让人望文生义，误以为是乘客乘坐的客船，其实它是大型战船。《南船记》载：座船全称"战座船"，"战船曰座，即边营陆寨之帅幕也，号令之所以整齐者也"。大明船队中，座船相当于舰队中的主力战舰。而大明船队中的"战船"，任务只是护航，相当于舰队中的护航舰，这船名有点怪怪的。

除了这些主体船舶，大明船队中还有一些辅助船只，如水船。巩珍《西洋番国志》载："海水卤咸，不可入口，皆于附近川泽及浜海港汊，汲取淡水。水船载运，积贮仓储，以备用度，斯乃至急之务，不可暂弛。"大明舟师的船舱里，除了备有充足的粮食、淡水、盐、酱、茶、油、烛、柴等各种生活日用品与军需物资，还满载丝绸、瓷器、茶叶、工艺品，以及大明钱币与金银珠宝。船队庞大，种类齐全，确保了舰队的远洋航行和公务活动。

大明的造船技术，主要是宋元造船技术的继承与发展。明朝的造船工艺，水密船舱技术更为先进，载重量更大，结构强度、稳定性、快速性、适航性及加工工艺等多有改进。宝船桅帆已采用硬帆式结构，风效大为提高。曾随船队远航的通事（翻译）马欢，在其著《瀛涯胜览》中即称大型宝船"张十二帆"，船队"云帆高张，昼夜星驰"。宝船的铁锚高达一丈，重达数千斤。另一位曾随船队远航的总制之幕（文秘）巩珍所著《西洋番国志》则载：其桅帆"体势巍然，巨无与敌。篷帆锚舵，非二三百人莫能举动"。大明高超的造船能力，全世界简直找不到"第二名"！

这支大明远洋船队，搭乘着二万七千八百余名大明舟师官兵，他们来自首都南京周边地区的水军右卫、龙江右卫、金吾左卫、府军右卫、苏州卫、太仓卫、江阴卫、宽河卫、旗手卫等卫所，以及沿海地区的水师。更令人费解的是，相当部分的将士，来自大明的锦衣卫——这是明王朝使命最为特殊的军队，锦衣卫又称天子亲军，"掌直驾侍卫、巡查缉捕"，是明朝专有的军政搜集情报机构，直接对皇帝负责，从事侦察、逮捕、审问等活动，可以逮捕包括皇亲国戚在内的任何人，并进行不公开的审讯。锦衣卫的出现，更让大明船队蒙上一层神秘色彩。

这同样是一支高规格且专业化水平极高的远洋船队。马欢《瀛涯胜览》载："计下西洋官校、旗军、勇士、通事、民稍、买办、书手等，通计二万七千六百七十员名。其中，官八百六十八员，指挥九十三员，都指挥二员，千户一百四十员，百户四百三员，户部郎中员，阴阳官一员，教谕一员，舍人二员，医官、医士一百八十员名，余丁二名，正使太监七员，监丞五员，少监十员，内官、内使五十三员。"

巩珍《西洋番国志》载："惟观日月升坠以辨东西，星斗高低度量远近。皆斫木为盘，书刻干支之字，浮针于水，指向行舟。"大明船队中，有着一流的专业技术人员。"火长"及外籍"番火长"负责罗针操作与引航，"碇手"负责司舵，军匠负责修理弓箭、火器等兵器，民匠负责制造和修理木铁各种工具，管带负责管理稍手（水手），行人则是专职的涉外事务官员。

这些出色的专业技术人员精通航海天文知识，足以熟练地掌握和利用潮势、季风、洋流等海洋和气象自然规律，通过观测星宿确定船舶方位，用指南针引导航向，用铅锤测量海底深浅，以完备的航海图和丰富的经验，识别暗礁、浅滩、海岸、海底地形、海水运动等，适应各种复杂的天气远航大洋。

1405年的明朝，已然一派天下太平景象。经历四年的"靖难之役"，又经过三年的恢复，这个王朝的"内忧外患"已告一段落，开始编撰中国百科全书式的文献集成《永乐大典》（《文献大成》），步入"治隆唐宋，远迈汉唐"的"永乐盛世"。战争还是和平，政治还是经济，当世无与伦比的大明舟师精锐，究竟又因为什么驶向何方？

智慧的光芒都像磷火，普通人难以一目了然。人山人海的刘家河两岸，包括朝廷官员在内的数万官民，大多其实都是看客。而真正洞悉这场盛典的，只有两个人：一个是明成祖朱棣，一个是统领水师的大明正使、总兵官郑和。

郑和的身份最为敏感：宦官。后世的文人著述中最喜欢描叙宦官，但明代记载宦官职掌的政书，其实只有一种——洪武时期不同版本的"祖训"（《祖训录》《皇明祖训》）。正史惜墨，文人调侃，令人费解的是，明成祖偏偏将这支史无前例的大明舟师交给了宦官郑和。

2. 大明船队的领航者

"郑和，云南人，世所谓三保太监者也。"

《明史》中郑和的介绍简单到了极致。简单的原因，即因为郑和乃"太监者也"。中国历史上的宦官，很少有正面形象。留存后世的史料，基本上都出自有较高文化修养的官僚之手，宦官与皇帝有着"天然"的联系，由于权力的冲撞，宦官也就成了文武官员的"天敌"，整个知识分子队伍，都对宦官没有太多的好感，能把宦官描黑就尽可能描黑，史册中宦官的功绩，由此变得十分难找，看到"四大发明"中竟有宦官浑身都有点不自在。而统领大明舟师完成神秘壮举的郑和，恰恰出自这样一个不被人正视的宦官群体。

郑和（1371—1433年），原名马和，小名三宝（又作三保），云南昆阳人，回民。郑和先祖的史料，记载存有多处冲突。现存郑和家世史料，见于《故马公墓志铭》。永乐三年（1405年），郑和出使西洋前，特请礼部尚书李至刚撰写了父亲的墓志铭，文曰："公字哈只，姓马氏，世为云南昆阳州人。祖拜颜，妣马氏。父哈只，母温氏……子男二人，长文铭，次和；女四人。和自幼有材志，事今天子，赐姓郑，为内官监太监。"但此为孤证，学界存疑，郑和中亚色目贵族的身份与信仰也是由此衍生而来。

马和的父母为其取名为"和"，取义即是世道平和，期望儿子平安成长，但冥冥之中，往往会有一种反讽。元明鼎革，十一岁的马和经历了天上人间的巨变。

马和出生于洪武四年（1371年），此时的蒙元势力已被大明逐出中原，只有红土地云南，仍在元梁王把匝剌瓦尔密的统治之下。为结束割据局面，明太祖朱元璋数度遣使前往云南招抚。倘若云南得以顺利收复，中国历史上也就不会出现"郑和"，最多有一个马和留在地方史志上。

但是，大明王朝的云南招抚行动，皆以失败而告终。大国的底线都是以强大的军事来捍卫的，"礼"与"兵"都是中国的传统，所谓"先礼而后兵"。洪武十四年（1381年）九月，朱元璋命颍川侯傅友德、永昌侯蓝玉、西平侯沐英率领三十万大军远征云南。战乱之中，马和的父亲马哈只不幸丧生。

丧父之痛，对马和来说仅仅是童年不幸的开始。在明军消灭梁王的战争中，有二百余名云南儿童被掳入明军，马和不幸成为其中的一个。洪武十五年（1382年）三月，云南平定。洪武十七年（1384年），沐英留守云南，傅友德、蓝玉部班师回京。虚龄十四岁的马和，就这样来到了南京，并被送入宫中。

入宫，当是马和人生不幸中更大的不幸。宫中服役的男性只有一种，就是必须阉割去睾丸，成为宦官。在医术并不发达的时代，阉割是死亡率极高的手术。不幸中的大幸是，经历九死一生，马和最终还是活了下来。

不幸的人生，往往也是足足一生。宦官职业，是不能重新拥有"就业权"的职业。老死宫中，马和的命运真的是这样吗？

个人的命运，从来就不是孤立的。南京宫中的马和，只在尚衣监干了两年的御用服装、鞋帽管理等杂务。洪武十八年（1385年），傅友德、蓝玉部奉调守备北平府（今北京），协助燕王朱棣负责北方防务，马和也同时受宫中指派，进入了朱棣的燕王府邸中服役。对个人来说这叫命运，对国家来说这又叫历史，这一切的改变，突然也偶然。

正常情况下，无论是在宫中还是在燕王府，马和都是宦官，只能从事服务工作，直到终老宫中。但是，马和不是一个普通宦官。当年被阉割的两百云南幼童，历史上留下名字的人仅有几个，都与马和一样出身贵族。最大的可能，也许就在于他们的教养，以及平民子弟不曾具备的知识文化。除此之外，马和还是一个天赋异禀的人。

燕王府中著名的相士袁忠彻曾这样记述成年的马和："身长九尺，腰大十围，四岳峻而鼻小，法及此者极贵。眉目分明，耳白过面，齿如编贝，行如虎步，声音洪亮。"

气质，仪表！阉割之后成为宦官，马和居然没有娘娘腔，还长着一副硬汉模样，这令燕王朱棣颇为惊异。傅维麟《明书》称郑和"博辩机敏"，袁嘉谷《滇绎》则曰"公（郑和）勤明敏，谦恭谨密，不避劳勚"。难得的人才啊！朱棣没有让马和再去端茶倒水干杂务，将其选为贴身侍卫。

朱棣的眼光是歹毒的，所谓"英雄所见略同"，燕王府中的马和，除了受到燕王朱棣的器重，还受到了和尚姚广孝的赏识。姚广孝收马和为弟子，明《优婆塞戒经》题纪云："大明国奉佛信官内官监太监郑和（马和），法名速南吒释，即福吉祥。"马和受的是菩萨戒中的观音戒，又成了一个佛家弟子。

马和从此笃信佛法，远离故土的马和广造佛经，姚广孝则亲自为其题刊。偶然纠集在一起的这三个人，最终都成为中国历史上浓墨重彩的人物。

3. 大国雄主

历史规律往往归于总结，历史事件则往往源于偶然。大明王朝第一次皇权交接一波三折，在这场非秩序竞争中，带来了官场的哀鸿遍野，也为大明送来了一代雄主朱棣。

任何一种竞争都很难经受道德的评判，但竞争永远都是个好东西。

朱棣（1360—1424年），明太祖朱元璋第四子。朱棣是个什么样的人物呢？明初著名的相士袁忠彻是这样描述的："王乃龙生凤相，身长六尺，面大腰圆，能步开三尺。"

朱棣是个中等身材的胖子，跟马和的长相颇为相似，朱棣也或由此对马和刮目相看，心生好感。但二人相比，朱棣又显得有点相形见绌：朱棣比马和要矮一头，出生时又是先天不足，左脚内倾，走起路来步子一大一小，有失领袖风范，颇有点"唐老鸭"的艺术风格。

儿子都是自己的好，皇帝对此也不例外，更何况朱元璋对哪个儿子都不亏待。洪武三年（1370年），十岁的朱棣受封燕王。洪武九年（1376年），按照父皇的旨意，朱棣来到老家凤阳"落户"。在凤阳住了三年多，朱棣"民间细事，无不究知"，不仅在乡亲之间赢得了口碑，也使自己得到了磨砺。

生理上的这点缺陷，也丝毫不影响朱棣成为出色的统帅。哪有王爷当士卒，在练兵场上满地跑的呢？！朱棣的老丈人是名将徐达，这种亲密的师生关系，完全不必怀疑徐达有什么保留与保守，也不必怀疑朱棣卓越的统帅才能。

洪武十三年（1380年），二十岁的朱棣就藩燕京。独当一面的朱棣，虽说年轻，却政绩频出：他多次受命参与了北方军事活动，两次率师北征，招降蒙古乃儿不花，生擒北元大将索林帖木儿。出色的功绩使朱元璋对他日加器重。

但是，朱元璋再器重，朱棣也不能成为接班人，因为他不是长子，太子只能是朱标。

洪武二十五年（1392年），太子朱标病故。朱家的江山要立世千秋万代，皇帝之位应该传给何人？一生不守规矩的朱元璋在这件事必须遵守规矩。嫡长子制的大位传承规则固定了千年，皇族与社会一并纳于秩序之下，最终为的就是帝王世代相传，而不为他人觊觎。但朱标的长子也已夭折，次子朱允炆不过年方十五，弱小的肩膀能否扛得起天下的重任？朱元璋犹豫了，觉得有必要做一次冒险，动动规则，将帝位传给其他儿子。

但传给哪个儿子呢？按理应该是次子朱樉，但他的品性有些问题，朱元璋已经有所觉察。三子朱㭎，显得太斯文，刚性不足，皇帝不是只拍"标准像"晒"朋友圈"的。四子朱棣，成熟了，也德才兼备，且具威望！

朱元璋将这个想法数次暗示群臣，希望从他们口中主动说出，但谁都不愿开口。朱元璋忍不住了，明确提出让朱棣接班，还是没有人明确表态。圣意不能违，违心的话也不便说，局势不明，又有违礼制，加之太祖反复无常，倘若匆忙表态，哪天"他说的"就变成了"你说的"，风险谁也承担不了。

最后，朱元璋信任的老臣刘三吾出来说话，他提醒朱元璋：立了燕王，置秦、晋二王于何地？

刘三吾的一句话，断送了朱棣的帝王之路。家存这个理，确实摆不平，洪武二十五年（1392年），朱元璋立朱标之子朱允炆为皇太孙。

但事情的变数，是朱元璋、刘三吾都无法预料的。

明代著名思想家、文学家李贽曰："我国家二百余年以来，休养生息，遂至于今。士安于饱暖，人忘其战争，皆我成祖文皇帝与姚少师之力也。"

成祖文皇帝即朱棣，姚少师即姚广孝。姚广孝执意要将朱棣帝王之路的死局变成活棋。

姚广孝（1335—1418年），字斯道，法名道衍，长洲人。

姚广孝熟读佛、道、儒、兵诸家之书，将严重冲突的各种理论熔于一炉，一看就是比战国时期苏秦更狠的角色。但所有的人都错了，姚广孝根本不像苏秦那样四处就聘，谋份挣钱的差事，而是出家为僧。明太祖为藩王统一配备僧人，姚广孝便随侍燕王朱棣。

洪武三十一年（1398年）闰五月初十，朱元璋病逝。闰五月十六日，朱元璋下葬，朱允炆即皇帝位。在即位的第一个月里，朱允炆做了三件大事：办了爷爷的丧事，办了自己的喜事，办了叔叔的倒霉事——叔叔周王朱橚被自己的儿子朱有爋举报，朱允炆将其逮捕。

朱橚，朱棣的同母弟弟。建文帝削藩，选择实力最弱的周王朱橚动手。藩王对皇权的威胁是一种客观存在，朱允炆在准备接班时就曾问过近臣黄子澄：诸叔藩王皆拥重兵，如有变端，怎么办？黄子澄的回答是：不听话的，当然是打啊！

皇帝与诸藩王，好比是不在一个重量级上的拳击手，皇帝斗狠有着明显的优势。

黄子澄与齐泰，是朱允炆智囊团中的两个核心人物，但理论与实践上都欠火候。在明初谈削藩，面临着至为棘手的理论与实践方面的难题。明太祖的思路是要做大做强诸藩，"一家人"共同出力辅佐帝王，并将这一"理论"写入《皇明祖训》，令后世子孙一字不得更改。朱允炆一上台即反其道而行之，如何实现"理论"上的突破？即便有了"理论"上的重大突破，还有一个实践层面上的具体问题。

但建文帝朱允炆选择的是迅雷不及掩耳：以私印钞票之名灭了湘王朱柏；以生活作风问题灭了代王朱桂；以后人至今都搞不清的问题，废了齐王朱榑；没找到问题，根据逻辑推理岷王朱楩也必须废掉。藩王们如此"自取灭亡"，祖训似乎就派不上用场了。

周王朱橚、湘王朱柏、代王朱桂、齐王朱榑、岷王朱楩相继获罪，朱棣无法镇定，姚广孝却开心起来，认为这是朱棣实现宏图大志的天赐良机。

什么宏图大志？说白了就是三个字：当皇帝！

朱棣心底没谱：百姓都支持朝廷，怎么办？

姚广孝答：臣只知道天道，不管民心！

朝廷没有闲着，朱棣已点燃了雄心。当带着诏书的官兵包围燕王府时，朱棣果断起兵。建文元年（1399年）七月，朱棣以遵"祖训"，诛"奸臣"齐泰、黄子澄，为国"靖难"之名誓师出征。

八月和十二月，朱棣给朝廷发去两封公函，也给全体官民发出文告，义正词严地指责皇帝受齐泰、黄子澄等宵小之臣的诱惑，迫害诸皇子，祸害国家。根据《皇明祖训》，自己有责任、有义务做出担当，惩戒"奸臣"。

《皇明祖训》的原文是："如朝无正臣，内有奸恶，则亲王训兵待命，天子密诏诸王，统领镇兵讨平之。"

现在的问题是，"天子密诏"明明是捕获燕王朱棣，燕王朱棣如何"统领镇兵讨平之"？算是对原著的解读争议吧，朝廷与燕王，反正双方谁都占不上全理。

双方开打，这一打就是四年。黄子澄曾断言皇帝与藩王不在一个层面上，这本身并没有错误，但他忽略了关键的一点：朝廷有实力，朱棣有能力。朱棣是一个久经沙场的军事天才，与朱允炆同样也不在一个层面上。并且，朱棣手下的一帮人，与黄子澄、齐泰更不在一个层面上。

"靖难之役"僵持不下的战局，又因姚广孝的一个主意而改变。朱棣最初的战略思想，是逐步扩大自己的地盘，壮大实力与朝廷抗衡。姚广孝说：拼消耗，那是朱允炆的强项。犯什么傻啊，攻城略地，不如直取京师！

建文四年（1402年）元月，朱棣挥师直奔南京。从此，形势急转直下。朱棣攻到了南京城下时，奇迹出现了：镇守京城金川门的，是谷王朱橞和李景隆。朱橞，朱棣的亲兄弟；李景隆，朱棣的儿时伙伴。朱橞和李景隆打开了金川门，燕王大军蜂拥入城，满朝文武纷纷归降。

姚广孝料事如神，作为姚广孝弟子的马和，似乎是个排不上号的配角。但这个小角色，同样勇猛善战，作用微妙。

"靖难之役"中，最危险的大战是北平之战。建文元年（1399年）八月底，李景隆五十万大军进驻河间（今河北沧州），江阴侯吴高、都督耿𤩹等率辽东之兵围攻永平（今河北卢龙）。南北夹击，差点将朱棣的大本营北平给端了。

大兵压境，朱棣居然信心满满。九月十九日，朱棣亲率大军驰援永平，留着北平让李景隆进攻。朱棣一路拿下山海关、大宁（今内蒙古宁城），然后领着宁王所部及朵颜三卫之军浩浩荡荡地回来了。

李景隆攻北平没得手，听闻燕王的主力回师北平，赶紧率主力转攻通州（今北京通县），结九营于郑村坝（今北京朝阳区东坝）以待燕师。

十一月初四，两军对垒于郑村坝。朱棣人少但将士勇猛，李景隆人多但偏偏忌讳燕军不好惹，看见对方心里有点不踏实。双方都是军事行家，谁也不敢轻易下手。这时的马和，出了个主意说，我先率百余骑兵试试李景隆的帅营。反正是"试打"，万一输了，损失的本钱也不是太大。

这一试不要紧，李景隆根本就弄不清楚马和这股骑兵的虚实，吓得阵脚大乱，好不容易才稳住阵脚。

软肋啊！李景隆怕什么，朱棣自然来什么。朱棣亲率朵颜三卫的蒙古骑兵，在郑村坝连破李景隆军七营。毕竟是数十万大军，数量上的绝对优势，再次让李景隆稳住了阵脚。

马和与姚广孝的观点非常接近：以少对多，千万不能耗着。马和再次建议朱棣，要集中优势兵力攻打李景隆的中军。朱棣亲自领军，马和随军督战。受到直接攻击的李景隆，不得不被动应战，朝廷的南军几乎全线崩溃。

天黑了，战马的视力不如步兵瞧得分明，朱棣果然收兵，准备明天大战。

结果，李景隆居然连夜跑了。李景隆极不厚道，自己南逃德州，也不跟余部打声招呼。要跑，应该大家一起跑才对！次日，燕军续攻时，发现朝廷的南军余部，已经顺理成章地南逃找主帅去了。最可怜的是围攻北平的南军，被城内城外的燕军合击，南逃的机会都没有。

郑村坝一战，对燕王朱棣来说不仅解除了南军对北平的包围，也从此摆脱了战场上的被动。正因为意义非凡，朱棣一直记着郑村坝，一直记着马和，对这个贴身侍卫刮目相看。

被迫生死一搏，最终心想事成，皇帝宝座上的朱棣，不能不兴奋，但又怎么都高兴不起来，并且比畸形的双脚走路还难受。

4. 有一种相貌叫作"忠诚"

事实上，朱棣就是哭着走进南京城的。朱棣的第一哭，献给了内弟徐增寿。

《明史·徐增寿传》载："建文帝疑燕王反，尝以问增寿。增寿顿首曰：'燕王先帝同气，富贵已极，何故反？'及燕师起，数以京师虚实输于燕。帝觉之，未及问。比燕兵渡江，帝召增寿诘之，不对，手剑斩之殿庑下。王入，抚尸哭。"

徐增寿因父亲徐达的功勋而位至左都督，为帮助姐夫造反，先给建文帝放了个烟幕弹，关键时刻又狠狠踹了建文帝一脚——给燕王朱棣密报军情。朱棣对徐增寿抚尸痛哭，流的全是真情泪水。

朱棣准备第二次抚尸痛哭，可是压根儿找不到尸体。

燕军占领首都南京，大势已去的朱允炆下令焚宫。面对冲天的大火光，朱棣亲自出马，当了三天"消防员"。大火灭了，朱允炆却找不到了。朱棣让人挖地三尺，火堆里扒出一具烧焦的尸体。尸体根本分不清男女，朱棣说：这就是皇上朱允炆！

在这具无名尸体前，朱棣显得格外悲伤，连声长叹：小子，你真是糊涂啊！我是来辅佐你向善的，你怎么愚蠢成这个样子啊？

皇上没了，朱棣"只能"自己顶了上去。洪武三十五年（建文四年，1402年）六月十七日，朱棣正式称帝，年号永乐，庙号太宗，明世宗时改为成祖。

朱棣登基后，立即封马和为内官监太监。内官监地位仅次于司礼监，太监马和官居四品。永乐二年（1404年），朱棣又给了马和更大的荣耀——赐姓！

赐什么姓呢？朱棣对郑村坝之战中马和的表现印象深刻，便赐其姓"郑"，以资纪念。

马和以智慧与能力著称，郑和则以下西洋壮举登上中国的历史舞台。历史上的郑和之名，就是从这个时候开始的。

明成祖为何要遣派郑和下西洋呢？专家的解读过于沉重，不妨先读一段轻松的《明史演义》：

（明成祖）寻复派宦官郑和，游历外洋，名为宣示威德，实是踪迹建文。原来建文帝出亡云南，驻锡永嘉寺，埋名韬晦，人无从知。成祖疑他出亡海外，因命郑和出使，副以王景和等，特造大船六十二艘，载兵士三万七千余人，多赍金币，从苏州刘家港出发，沿海而南，经过浙、闽、两粤，直达占城……郑和等既到占城，并不见有建文帝形迹，暗想建文无着，未免虚此一行，不如招致蛮方，令他入贡，方不负一番跋涉。当下与王景和等商议，决意遍历诸邦，自占城南下，直至三佛齐岛国。

《明史演义》的作者蔡东藩，是晚清的一个老秀才。明清的科举之途，"秀才"只是"入门级"，但千万不要低估秀才的知识水平。蔡东藩认为郑和下西洋，目的只有一个，就是缉拿建文帝；目的地也只有一个，就是占城。在占城一无所获，郑和临时动议"遍历诸邦"。

虽然不能肯定蔡东藩说法正确，但也不能证实他信口开河。永乐三年（1405年）正月，明成祖曾有诏谕。这份诏谕中，对郑和下西洋的目标、任务应该有明确的表述。可惜的是，这份诏谕已经散佚。

有关郑和下西洋的史料，目前能见的最早的一份，只有这则《明成祖实录》的记载：永乐三年"五月己卯，遣中官郑和等赍敕往谕西洋诸国，并赐诸国王织金文绮彩绢各有差"。

史料缺失，为蔡东藩留下了足够的创作空间。

刊刻于明万历年间的神魔小说《三宝太监下西洋记通俗演义》，对明成祖遣使西洋的目的与正使人选锁定郑和，又给出了一个貌似荒诞实则深刻的答案。

《西洋记》作者罗懋登,生平事迹鲜为人知,一生著述百余万言,对结构七十余万言的《西洋记》驾轻就熟,绝对是晚明的世外高人。世人耳熟能详的俗语"一寸光阴一寸金,寸金难买寸光阴",即出自《西洋记》第十一回。欧洲汉学领袖(荷兰)戴文达,甚至认为罗懋登是个读过但丁《神曲》的人。

　　罗懋登将郑和下西洋的目的,归之于"历代帝王传国玺,陷在西洋"。郑和率领庞大的舟师前往西洋,就是要取回这枚传国玉玺。这个说法,肯定有悖史实。朱棣率军攻入南京后,确实没有搜获建文帝的玉玺,但朱棣命人一气刻了"皇帝亲亲之宝""皇帝奉天之宝""诰命之宝""敕命之宝"等宝玺十七颗,即位第三天,这些新朝玉玺即陆续启用。罗懋登杜撰的郑和下西洋动因,比蔡东藩的演绎更容易否定。

　　现实当中,不会有哪个皇帝因缺少"公章"发愁。"历代帝王传国玺"的取得,无非是谋求皇位的正统性。这个意义上的理解,罗懋登分明又是写对了。

　　至于下西洋的统帅人选,罗懋登在《西洋记》中,首先让钦天监的官员画出了一个圈:因为出现"帅心入斗口"的天象,下西洋的统帅必须是"万岁爷的左右近臣"。

　　天象即天道,钦天监是传统社会的理论权威与政治权威。

　　在钦天监给出的圈子里,罗懋登虚构了"长老"与"刘诚"两个故事中的人物,他们的一致意见是下西洋统帅非郑和莫属:"长老"通过法术,看出郑和"不是凡胎,却是上界天河里一个虾蟆(蛤蟆)精转世";刘诚通过相面,认为郑和有班超之相,出使西域(西洋)可立下不世之功。罗懋登以荒诞不经的论据,论证出了郑和具有航海、外交诸方面专业才能的结论。

　　特定的历史条件下,文人的这一系列形象思维,其实足以令同时代的大众认同。明朝的皇帝是不是真信天命难以肯定,但对命运绝对是相信的。明谢肇淛《五杂俎》载:"太祖高皇帝已定天下,募有与己同禄命者,得江阴一人。召至,欲杀之。既见,一野叟耳,问:'何以为生?'曰:'惟养蜂十三笼,取其税以自给。'太祖笑曰:'朕以十三布政司为笼蜂乎?'遂厚赐遣还。"

明太祖朱元璋深信，同年、同月、同时辰出生的人，会拥有相同的命运。那么，与自己同时出生的人岂不也要当皇帝吗？这找啊找，还真找到江阴一个养蜂的老头。这个乡下的老头，居然还真是一个"皇帝"：朱元璋管十三个省，他管十三箱蜜蜂！

明成祖决定让郑和担任出使西洋的正使，确实用上了相面"绝技"。

明成祖在人选问题上踌躇不决时，是袁忠彻让他下定了决心。《古今识鉴》载：袁忠彻回答明成祖，郑和"姿貌才智，内侍中无与比者，臣察其气色，诚可任"。

如此肯定，袁忠彻的底气就是相面。郑和是怎样的一副面相呢？《古今识鉴》云："内侍郑和……身长九尺，腰大十围，四岳峻而鼻小，法及此者极贵。眉目分明，耳白过面，齿如编贝，行如虎步，声音洪亮。"

此时的袁忠彻，只是个从五品的太常寺丞，在皇帝面前说话这么有分量，因为他是袁珙之子。

袁天罡的大名几乎无人不知，这位袁珙其实就等于是明朝的"袁天罡"。

袁珙（1335—1410年），字廷玉，号柳庄居士，鄞县（今浙江宁波）人，相术奇士。袁珙对朱棣登上皇帝的宝座，有着极为特殊的贡献。明陆容《菽园杂记》曰："太宗（朱棣）初无入承大统之意，袁珙之相，有以启之……太宗之有大志久矣，（袁）珙之相，特决之耳。"

袁珙不仅像姚广孝一样，鼓起了朱棣夺取皇位的决心，还帮助朱棣给了对手致命一击：袁氏父子曾给朱棣的手下相面，预言他们将来个个都要飞黄腾达；又给朝廷派驻北平的文武官员相面，断言这些人将来个个都不得善终。

一边是群情振奋，一边是挥之不去的心理阴影，袁氏父子对朱棣那是铁了心的用心。

将袁氏父子引荐给朱棣的，又是立下"靖难功臣第一"的姚广孝。郑和与袁珙、袁忠彻、姚广孝，都是明成祖的心腹。褫去文人附会的神秘传奇，一根穿凿于明祖与众人间"忠诚"的主线昭然若揭。郑和下西洋的使命，原来是这么确定下来的！

大明史无前例下西洋活动的目的，真的就像老秀才蔡东藩写的那样吗？

5. 拉开帷幕的海洋时代

大凡人类行为的基础，都有着具体的心理动机，并且不会像行为那样纷繁复杂。人类对海洋的空前关注，奇迹般地同时出现于15世纪，明成祖意外地成为领跑者，紧随其后的才是改变世界的葡萄牙王子恩里克。

葡萄牙是欧洲大陆最西端濒临大西洋的一个小国，大明是亚洲东部的超级大国。15世纪初毫不起眼的葡萄牙，也像大国一样眼睛死死盯上海洋，这是要凑哪门子热闹？

葡萄牙人走向海洋，直接动因简单得令人难以置信——获得胡椒。

胡椒等香料，对欧洲人至关重要，这不仅是一种调味品，也是保存食品的特效"保鲜剂"。没有冰箱的时代，食品尤其是肉食，无法解决腐败问题，食物自然难以下咽。胡椒等香料的加入，其实重在改变味道。

欧洲人所需的胡椒、丁香、肉桂、豆蔻等香料，这时已为阿拉伯商人所垄断。一坐上饭桌即痛不欲生，"天字第一号"的难题将葡萄牙人逼向了海洋。至于大航海带来的黄金、白银，以及宗教信仰诸因素，那都是大航海活动的衍生"产品"，甚至可以说是一种"偶然所得"。

但是，敢在海洋上做文章的人，都是富有战略眼光与极具雄才大略的人物。1415年，也就是大明船队驶向海洋的十年之后，恩里克王子突袭了直布罗陀海峡对面的非洲休达，使之成为葡萄牙的领地（1668年割让给西班牙）。1417年，恩里克王子再次打败摩尔人对休达的反攻，在这里住了三个多月。

这是改变世界历史的三个月。恩里克王子从战俘和商人口中获悉：穿过撒哈拉大沙漠，只需二十天即可到达一个"绿色国家"（今几内亚、冈比亚、塞内加尔、马里南部和尼日尔南部），无须与阿拉伯人拼命，可以轻而易举地获得胡椒，还有黄金、象牙等令人垂涎欲滴的财富与珍宝。

面对巨大的诱惑，恩里克王子犯难了。穿越漫漫沙漠，并不是自己的强项，极可能是死亡之旅。趋利避害，恩里克大胆设想，由海路到达"绿色国家"。由恩里克王子担纲的大航海，让葡萄牙人不仅找到了胡椒，获得了黄金、象牙和黑奴，同时开启了全球地理大发现时代，书写了葡萄牙三百年开拓海洋的光辉历史，引发了六百年间欧洲列强的纷纷崛起，整个世界史为之改变。

较之于恩里克王子的大航海动因，大明王朝率先走向海洋，既不是为了"吃"，也不是为了"钱"，但直接动因比恩里克王子找胡椒要重要无数倍。

兴师动众，大动干戈，明成祖朱棣遣派郑和下西洋，首先是要找到一个人！

朱棣必须要找到的人，就是建文帝朱允炆。

当初，朱棣率燕军攻破首都南京城，建文皇帝朱允炆仅是"失踪"。当然，"失踪"的朱允炆可能死亡，也可能逃亡，两种可能皆无铁证。后世野史记载，朱允炆的下落不下一百种，谷应泰《明史纪事本末》中更有详细的记载，其说虽未被后世史家采信，但作为一个严谨的学者，谷应泰不可能信口开河。终明一朝，直到现在，也无法让人得出确凿的结论。

令人庆幸的是，百余种朱允炆下落的传闻，都有一个相同或相近的开头：建文帝朱允炆，在大势已去时欲拔刀自尽，少监王钺拦住了他，说陛下不可轻生，太祖生前留有一个箱子，并说子孙若有大难，可开箱一视，自有方法。

朱允炆命王钺取箱，打开一看，内有度牒三张，白银十锭，剃刀、僧服等物。朱允炆叹息一声："天命如此！"然后剃发，纵火焚宫，着僧服潜逃而去。

当日朱棣指着一具尸体，断言就是朱允炆。其实，他自己都不相信自己的话。因为在处置现场后，朱棣立即秘密拘捕了溥洽。

溥洽，朱允炆的主录僧，与朱允炆关系密切，也与朱允炆是否为僧潜逃相关联。朱允炆长期下落不明，朱棣对溥洽则既不杀，也不放，一关就是十几年，就是想拿溥洽作为一条破案线索。

朱允炆下落不明非同小可，既涉及朱棣即位的"合法性"，也涉及朱棣政权的"安全性"问题。倘若有一天朱允炆冒出来，不仅会令朱棣灰头土脸，大明王朝也少不了又是一场天翻地覆。"靖难之役"后，朱棣随即展开大规模的秘密搜捕。

正史、野史中，朱允炆的诸多去向，归纳起来无非只是两类：一个是国内，一个是国外。国内的搜捕，朱棣秘密地交给了胡濙。

胡濙，常州人。朱棣选择胡濙，因为这个人天生奇特。胡濙出生时毛发皆白，后来居然自动变成了正常人。胡濙性格特殊，"喜怒不形于色"，别人怎么看也琢磨不出他在想什么，是个天生从事秘密工作的人才。

朱棣将时任兵科给事中的胡濙提拔为户科都给事中。这个安排别有玄机：兵科，应该有一定的侦缉经验。而户科，主要是干财会业务。让一个有侦缉经验的人，披上"财会人员"的外衣，悄悄地从事老本行，朱棣确实是领导秘密工作的老手。

朱棣给胡濙的公开任务更是蒙人——寻找仙人。胡濙到处钻，采用什么手段，都不容易引起别人的怀疑。仙人什么样，如何找仙人？这个业务谁都不懂，胡濙想怎么干就可以怎么干。

可惜，十几年的时间里胡濙一无所获。在朱棣离世前，胡濙只告诉他一种放心的答案，没有告诉他具体的结果。胡濙到底对朱棣说了什么，后人也只能拼命猜测。

跨国搜捕，朱棣秘密地交给了郑和与李挺。这两个人，都是太监，都是朱棣的心腹。

太监李挺，也是很有能耐的一个人。朱允炆的下落，差一点在李挺的手上水落石出。李挺曾侦知有两位神秘的僧人，自武昌罗汉寺出发，乘船到了浔阳，再由鄱阳湖南下。他又从信江得知，曾有一位卖盐商人陪伴两位僧人，由鹰潭向南出发，可能前往福建。李挺一路狂奔，迅速追到了泉州。

泉州很早就是通往海外的重要港口，南亚、西亚、东非等各种肤色的商人，在这里都能见到。泉州开元寺的住持告诉李挺：几个月前，确实来过两位内地僧人，但他们已经踏上了一艘阿拉伯商船,去了海外。

这一下,李挺的心都凉了:海天茫茫,哪里去追?

李挺结束,郑和开始。郑和的目标,锁定的是所谓"西洋",并且指的是西洋某国,而不是泛指。郑和的西洋之行,能避免李挺式的结局吗?

6. 海外尝试

凭经验判断,郑和成功的概率很大。因为早在出使西洋之前,郑和就曾出色地完成了出使东洋的使命。

东洋,即日本。

元末明初,时常有日本倭寇劫掠中国的沿海地区。元至正二十三年(1363年)八月,"倭人寇蓬州(今广东汕头)";明初,倭寇侵入山东并沿海郡县,甚至抢劫到了淮安。日本怎么这么牛呢?其实不是牛,而是乱。

此时的日本同时出现了南北两个天皇,分裂为南北朝时期(1336—1392年),武士与浪人在国内不好混或混不出时,便走捷径出国抢劫,抢完朝鲜半岛,顺便就抢到了中国沿海。

外部信息难以掌握,国际形势判断不准,日本国的形势对明初的国策影响很大。明初"海禁"政策的出台,相当大的诱因就是倭寇问题。为了实行源头管控,洪武二年(1369年)正月,明太祖遣使杨载、吴文华等诏谕日本国,找到了日本南朝天皇的皇子怀良亲王。结果,倭寇管理问题没谈成,怀良亲王还将大明的五个使臣给杀了,杨载、吴文华两人被关了三个月才被放回。

其实,怀良亲王也搞错了,以为明朝的使者是元朝的使者。元朝对日本来说,是十足的侵略者,日本国以为蒙古人又到日本来下战书了。

大明沿海地区倭寇甚炽,洪武三年(1370年)明太祖再派莱州府同知赵秩等使日，谴责日本的侵略行径。怀良亲王准备再斩赵秩诸人，好在赵秩比杨载善于宣传，给他讲明白了国际形势。怀良亲王一听大叫坏了，赶紧给赵秩道歉，抓了十五个日本海盗、僧侣，找到了七十多个被掳掠的大明沿海平民，让明使带回。洪武四年（1371年）十月，日本又派使者来到南京，向大明进献了马匹及方物。

外交对国家显然是重要的，但日本与大明之间的相互了解，又一波三折。明太祖从来华的日本僧人口中获悉，怀良亲王并非真的"日本国王"，感到大失所望，将日本的贸易船只赶了出去。洪武十九年（1386年），"胡惟庸谋反案"又牵扯到日本，明太祖痛下决心断绝了与日本国的往来，并严行海禁，将汕头、舟山四十六岛居民三万余人强遣内地。次年，再将大明唯一的海岛县昌国县（今舟山市）给废了。

1392年，足利义满（源道义，1358—1408年）实现了日本南北朝的统一。建文年间，中日之间重新交往。明成祖即位后，试图开放海禁，岂料被日本浪人钻了空子，"倭寇"逮住了时机潮水般地涌向大明：永乐元年（1403年）寇福建，永乐二年（1404年）寇浙江、直隶、福建。顾炎武《天下郡国利病书》载："永乐二年四月，夷船一十一只，寇穿山，百户马兴（与战）死之，寻寇苏（州）松（江）诸处。"不仅中国沿海居民深受其害，前来大明的各国贡船也极不安全。

这些海盗，大明深受其困，日本国又管不了，郑和就是在这种复杂的局面下出使日本的。

《天下郡国利病书》载：永乐二年，"上命太监郑和统督楼船水军十万招谕海外诸番，日本首先纳款，擒献犯边倭贼二十余人"。

顾炎武的文字太简洁，郑和的出使成果其实很惊人：首先是外交上的胜利，让日本国接受明朝封号、金印、冠服等，以属国的名义向明朝皇帝呈递国书，奉大明为宗主国正朔，臣服于大明；同时，扼制了倭寇的源头与势头。

郑和是怎样完成下东洋使命的呢？《明史·戎马志》载，郑和做了两件事：一是晓谕明成祖旨意，"使其自行剿寇，治以本国之法"；二是"许以贸易"，代表大明与日本国签订了"堪合贸易条约"，日本国必须按照约定的朝贡条件，通过"合法"途径与大明做生意，而不是打劫。

也许是条约没有写清，或是日方对条约条款理解有误，日本朝贡团竟在大明做起了"军火"生意——贩卖倭刀。这种倭刀，在大明属于"管制刀具"，大臣李至刚建议，将"诸犯禁者悉籍送京师"。明成祖觉得情有可原，批示道："外夷修贡，履险蹈危来远，所费实多。有所赍以助资斧，亦人情，岂可概拘以禁令。至其兵器，亦准时直市之，毋阻向化。"

总体而言，日本国落实条约的态度还是很认真的，但想完全禁绝倭寇也是有难度的。永乐三年（1405年），大明沿海一带又出现诸多倭寇，正好有日本国使臣来大明朝贡，明成祖严厉质问日本使臣：你回去问问你们国王，这事他到底能不能管好？！

明成祖这一骂，还真起作用，日本国王源道义立即出师追捕海寇，并献俘大明。《明成祖实录》载："永乐三年十一月辛丑（初九），日本国王源道义遣使源通贤等奉表贡马及方物，并献所获倭寇尝为边害者。"

这人送来了，明成祖的气又消了，说这倭寇是你们家出的，应该带回去自己处理，只派都御史王抒监督这件事的落实。

据王抒记载：日本使臣走到宁波，觉得带着这么多重犯漂洋过海，觉都睡不好，押送成本又大，不如就地"甑杀"。

甑是古代蒸饭的一种瓦器，底部有诸多透蒸气孔，如同现在的蒸锅。"甑杀"，就是将犯人放在大甑里，下面用柴火烧，直到犯人被活活蒸死。这个办法骇人听闻，但这是日本国"内政"，大明不便干涉。

郑和向明成祖报告了这件事，明成祖对日本国"嘉其勤诚，赐王九章"，赏赐了源道义冠服、文绮、金银、瓷器、书画等物。

郑和使日后，源道义主动剿灭倭寇，《善邻国宝记》曰："（源道义）修德乐善，忠良恭谨……又能尊奉朝命，禁止壹岐对马诸岛之人，不为海滨之害。"据《日本一鉴·穷河话海》载："永乐乙酉（三年），其王源道义遣使来朝，并献犯边之贼。赐王九章冕服。永乐丙戌（四年），其王源道义遣使来朝，并献犯边之贼，赐玺书褒谕其王，诏封其国之山曰寿安镇国之山，上亲制诗文勒石其上；永乐丁亥（五年），其王源道义遣使来朝，并献犯边之贼，赐敕褒谕之。"

源道义的主动作为，使中日之间"海隅绝警""海洋平静"，大明沿海地区的倭寇基本敛迹。东洋之患得到解决，郑和就是在这种背景下出使西洋的。

以郑和出使东洋的成功实践，及其军事、外交方面的出色才能，出使西洋应该不会有太大的难题。难的，是明成祖自己。

7. 跨越海岸线

大明的"西洋"，不是指现在的大西洋。《明史·外国列传》："婆罗，又名文莱，东洋尽处，西洋所自起也。"明代的西洋即今中国南海以西的海域，印度洋或俗称的"南洋"海域，大体以今加里曼丹岛（婆罗洲）为界。

以婆罗洲为界划分出东洋与西洋，也是大明王朝的大国思维。婆罗洲与大明首都南京，几乎在同一经线（东经118°左右）上。南京是大明的心脏，大明是世界的中心。这种关于世界的认识，与罗马教皇子午线的划分有着本质的区别。将近一个世纪后，西班牙与葡萄牙因大航海而崛起为世界强国，罗马教皇亚历山大六世仲裁下的教皇子午线，则是血腥的瓜分殖民地分界线，两国首次瓜分整个地球，进行的是疯狂的殖民掠夺。

无论是东洋还是西洋的小国，明王朝都以与西方截然不同的价值观予以审视。明太祖时代，即将其列为"不征诸夷国"，不"倚中国富强"而"无故兴兵"，以儒家的道德规范，向世界传播高度发达的中华文明，"以德睦邻和谐周边"，一改元朝的威服天下。

立国之初的明太祖，并未奉行"海禁"，而是积极开展海外贸易，与海外诸国互市互惠。洪武元年（1368年），设置市舶提举司，管理对外贸易事务。明初的外贸与日本国最为频繁，但这时日本处于"南北朝"时期，国内的混乱祸及中国沿海，倭寇与中国沿海不肖奸民相勾结，沿海地区倭患猖獗，导致太仓、黄渡与泉州、明州、广州市舶司相继罢去。更为敏感的是，明初四大案之一"胡惟庸案"，又牵出丞相胡惟庸暗通日本谋逆，尽管这一说法为后世质疑，但《皇明祖训》中的白纸黑字是，日本国"虽朝实诈，暗通奸臣胡惟庸，谋为不轨，故绝之"。北部蒙元残余势力的存在，东南沿海倭患加剧，复杂的外部环境，一系列事件的发生，催生了洪武后期"海禁"政策的施行。

中西方相继驶向海洋，有着完全不同的内在驱动，也面临不同的外在困境。恩里克担纲的葡萄牙大航海，困顿的是技术与财力；郑和担纲的大明大航海，除了这些，还有上面的那本《皇明祖训》。这是大明海岸线上最森严的一道栏杆，几乎无人能够跨越。

《皇明祖训》是太祖朱元璋亲编的"家法"，或曰明皇室必须奉行的"宪章"。朱元璋为约束子嗣，防止子孙胡作非为，洪武二年（1369 年）即编撰《祖训录》，再两度修改，亲自作序，最终定稿为《皇明祖训》，命礼部刊刻成书，发至皇室子孙手中。

建文帝朱允炆，很大程度上即是栽在这部《皇明祖训》上。祖训中明示："凡我子孙，钦承朕命，无作聪明，乱我已成之法，一字不可改易。"朱允炆一上台即大举削藩，显然是更改祖宗之法，有失"技艺"的年轻人，被朱棣死死捉住了致命的"七寸"。敢与皇帝一决雌雄，朱棣的法宝恰恰是《皇明祖训》中藩王有权统兵铲除朝中"奸恶"的"天条"，最终乾坤倒转，朱棣是深知祖训厉害的。

兴兵西洋与太监领兵，皆为《皇明祖训》所禁止。《祖训录·箴戒》："凡内使监官有忠正者，察而用之，但任以末等之职，不可委以文武之权；奸狡者，斩之。"

郑和在明成祖的眼里，无疑是个"忠正者"。但再"忠正"，都"不可委以文武之权"，祖训已说得再明白不过了。郑和下西洋，担任的是"正使"，很大的文官。郑和统领的大明舟师，兵士数万，"将军"级的上百，这一下"文武之权"就全了。明成祖对郑和的这种安排，显然也是有违"祖训"的。

不过，在洪武二十八年（1395年）修订的《皇明祖训》中，"任以末等之职，不可委以文武之权"这句"箴戒"已经删除。删除的目的不是扩大宦官的权力，而是要求更为严格，回归《明太祖实录》中强调的："不假以兵权，则无宦寺之祸。"

明成祖如果违背"祖训"，谁会提出反对意见呢？是整个外朝的文官群体。"朝廷"可以简述为"内廷"与"外朝"，宦官作为皇帝的"羽翼"与"爪牙"，权力的扩张必然构成对"外朝"权力的侵夺，通观明朝，文官一直就是宦官的"天敌"。要求皇权限制宦权，文官往往不遗余力，甚至不择手段虚构事实。

《明史·职官》云：明太祖曾于宫中置一铁牌，上书"内臣不得干预政事，预者斩"。据说这块铁牌正统初年尚存，太监王振将其窃毁。如果真有"铁牌"之事，明成祖时这块铁牌自然还在宫中。事实上并不是这么回事，查遍《明太祖实录》，都无这块铁牌的记载。万历时期，御史谭希思曾将此事引入奏疏，万历皇帝比较较真，当面质问谭希思：你说的这块"铁牌"，出处在哪里？谭希思始终支支吾吾，根本说不出个所以然。

"铁牌"之说固然是野语，文官群体对宦官群体权力的阻拦则是事实。大事当前，明成祖需要以其理政的智慧，化解这种无谓的争论。《明实录》等官方史料中，郑和下西洋的目的，除了"历诸番国，宣天子诏"之类，其实找不到其他相关表述。不争论，干起来再说，明成祖圣谕中一句"遣中官郑和等赍敕往谕西洋诸国"，意味着他策略地跨过了"祖训"的栏杆。将复杂的下西洋目的，归于这种纯"外交活动"式的表述，避免了朝臣间没完没了的"口水仗"。

郑和担纲的大航海，与恩里克的共同难题都见于航海船只。大明有相应的实力，难处也仍然是有的。永乐元年（1403年）五月，朱棣下令福建建造一百三十七艘远洋帆船。三个月后，又命苏州船厂以及江苏、江西、浙江、湖南、广东诸省，另造船舶二百艘。同年十月，又令沿海各省迅速改造平底运粮船一百八十八艘。而朝廷直辖的龙江船厂，林立的兵士如临大敌，数以万计的技工昼夜加班。四年左右的时间里，单是《明实录》记录在案的大型新建（改修）船只，即达一千六百八十艘以上。

　　造船所用的材料，皆是上等的柚木。木材几乎来自全国，长江、岷江上游的木材，顺流而下漂至各大船厂。这场运动过于久远，细节很难完整复原，只有《二申野录》这类野史，留下一些奇闻趣事：朝廷需要巨木，工部尚书宋礼取材于蜀地，但得到的巨木又没有运输道路，便动用上万人紧急开山。最后这个庞然大物自己走了起来，翻山越岭，发出地震一般的轰隆声。

　　巨木肯定不能自己飞，委实是大国的举动足以惊天动地。

　　带着明成祖的神秘使命，郑和终于开始了海上之行。

大浪逐行

沿着大明的海岸线，郑和船队到达了福建长乐港。在这里，郑和开始了漫长的等待。

大明的船队确实很庞大，船只动力却依然很原始，并且全世界都是这个水平：漂洋过海，航海船只的动力只有洋流与季风。而只有在冬季才有强劲的东北季风，这是人力不可改变的自然规律。

永乐三年（1405年）冬，郑和率大明船队离开了福建长乐港，真正地驶向了海洋。

奚尔恩《远东史》认为：郑和船队离开福建长乐港后，先抵达今菲律宾吕宋岛，经马尼剌、苏禄、浡泥等地，然后到达占城。但这仅是郑和船队七下西洋的主要路线，无法确认这是郑和首下西洋的航线，而郑和把出使占城作为重中之重，则确凿无疑。

1. 一个小国的大忽悠

福建长乐港到占城，只需航行十昼夜。离开占城后，郑和船队驶向了爪哇，需要航行二十昼夜。郑和船队抵达爪哇，时间是在永乐四年（1406年）六月三十日。从这笔简单的时间账中，可以清楚地看出，郑和船队在占城驻留时间长达半年，至少也有数月。

直扑占城，长时间驻留，郑和船队在这里究竟干了些什么？当然是大事，并且是一系列惊天动地的大事！

占城位于今越南南部，在占城与大明之间，便是安南。

中国古代史籍中，安南即交趾。汉唐开始，安南即为中国属地。五代时安南立国，元朝时重新收归中国版图。元末天下大乱，没人顾得上它，安南趁机闹起了独立。

"领土"的概念，在古代帝王心目中并不十分重要，最重要的是"主权"。倘若奉天朝为"宗主"，天下多封一个"异姓王"，也不是什么大不了的事。独立也就罢了，安南却一点都不安分。洪武初年，安南居然北越二百余里，攻占了丘温、庆远等大明五县。明太祖朱元璋不高兴了，晓谕安南国王陈日焜：赶紧给我吐出来！

太祖发话了，安南居然一点动静也没有。这时的安南国王陈日焜，不是胆子太大，而是自己做不了主——权力掌控在国相黎季犛手里，国王说话已经不顶用了。

大事做不了主，陈日焜忍忍也就算了。接下来，陈日焜国王连忍的"权利"都没有了——建文二年（1400年），黎季犛父子干脆把陈日焜给杀了，陈氏一族几乎被杀戮殆尽，连陈氏的近属也几乎见不到人影了。安南国王，变成了黎季犛之子胡奁（黎苍）。

黎氏在安南闹得天翻地覆，朱棣在大明也正闹得地覆天翻，这不正进行"靖难之役"吗！大明朝平静下来了，安南闹得更凶了。北面的邻居大明是个大国，南面的邻居占城是个小国，抢了大国不抢小国，天底下还真没这个理——安南发兵占城，土地、财物、人口，能抢的一个都不落下。

占城不是安南的对手，干生气也没有用。这时，占城国就想起宗主国大明来了。

永乐元年（1403年），占城国遣使来到南京，向大明控诉安南罪状。实在不像话，明成祖朱棣晓谕安南国：听说你们屡屡出兵侵占占城国，古有明戒，为非作恶必受其祸。过去的事且不追究，以后可不能再这么干了！

大明一敲黑板，胡奁心里多少有点紧张，两面都打，自己还真没这个实力。外交讲的是策略，胡查回复明成祖：自今以往，谨当息兵安民，以仰副圣训。

这意思是说，看在您的面子上，我开始收手，不打占城了。

外交辞令，大多都是不可信的。安南不仅没有收手，而且打得更重了：永乐二年（1404年）四月，安南舟师从海上进攻占城，并让占城归顺安南。打过之后还警告占城，不许把挨打的事告诉大明！

打别人还不许人家哭，这安南也是够狠的。

反正大家说话都不算数，挨打后的占城，立马就奔大明哭诉来了：这安南实在太不像话了，这一次打得比上次还凶，不仅抢地、抢钱、抢人，连你们赏赐我们的东西都抢了，还让我们归顺他们。归顺他还不如归顺你，干脆将我们纳入大明的版图，大明派官吏前来占城国治理。

占城使者一哭诉，明成祖心里的火气也上来了，立即遣使到安南，告诉胡查两条：先把侵占的广西思明府禄州、西平州、永平寨之地还回来；再欺负占城就等着死吧！

警告，严重警告！这时的明成祖，其实仍旧没有要真出手的意思。

明朝那时信息欠发达，加上"靖难之役"后要处理的国事太多，明成祖也没仔细研究一下这时的安南国到底是怎么一回事，加上黎氏基本上将陈氏斩草除根，安南内部的事情也传不出来。明成祖以为，安南国还是陈氏的天下，骂错人了，自己居然不知道。

紧着发生的一件事，让明成祖惊呆了——

永乐二年（1404年）八月二十八日，安南国王陈氏宗属中唯一的幸存者陈天平，逃到老挝后又逃到了大明，黎氏父子篡权之事这才真相大白。

这一回，明成祖不是上火，而是真的动怒了。永乐三年（1405年）正月十七日，明成祖再次遣使安南，对胡查连客气话都免了："尔为陪臣，屡行篡弑，夺而有之，罪恶滔天，不亡何待！"

胡查这回也掂出了分量，硬顶肯定是顶不过去的，人品差也不在乎再差一回，干脆谎言一扯到底：胡查回复大明，我以为陈氏无后才称王的。既然陈氏有后，那就请他回国复位好了。

胡查的话，想让明成祖信以为真也不太可能。对方不相信，要想办法让对方相信，胡查对天起誓："敢有二心，所或携贰，明神殛之！"

态度这般诚恳，姑且再信他一回。

大明有恩于陈天平，倘若成功回国复位，对一方稳定自是好事。杀人一万，自损三千，和平解决地区问题对大明与安南都有益无害。况且，明成祖也给了胡查一颗"糖果"：许其"上公"之位，封以大郡，传之子孙，永世无穷。

里子与面子都给足，这下不会出问题了吧？一切安排停当，永乐四年（1406年）正月，明成祖遣广西左副将军都督佥事黄中、右副将军都督佥事吕毅等，统兵五千护送陈天平回国。

考虑到胡查信用度严重不足，陈天平回安南前，明成祖特敕广西总兵征南将军都督同知韩观及黄中、吕毅等："待天平至，送之还国，尤宜审度事机，以为进退，不可轻忽。"

黄中等率军进入安南，感觉气氛相当友好：沿途老百姓箪食壶浆，听说陈氏有后回国继位，个个都是喜笑颜开。估计这胡查，平时也不怎么招老百姓喜欢。胡查的安排也挺周到，明军所到之处，都有官员迎候，酒肉犒劳。

但是，黄中则觉得有点不对劲，质问前来迎候的安南陪臣黄晦卿：胡查自己怎么不来？

黄晦卿回答：胡查近日身体不适，他在嘉林奉迎将军。

情有可原，黄中不再勉强，率军护送陈天平长驱直入。

快到芹站时，大雨滂沱。这一带林深茂密，山路奇险峻，加上道路泥泞，明军全拿兵器当手杖用了。突然，十余万安南伏兵四起，首先就把陈天平给杀了。双方兵力不成比例，黄中大败退回国内。

"此而不诛，兵则奚用？"没有诚信，没有底线，明成祖对胡查已经没有更多的选择了！

2. 西洋美女的诱惑与疑惑

"蕞尔小丑，罪恶滔天，犹敢潜伏奸谋，肆毒如此。朕推诚容纳，乃为所欺。"永乐四年（1406年）四月二十三日，明成祖下令成国公朱能、新成侯张辅率大军讨伐胡查。

明军讨伐安南的大军出手时，郑和已率领舟师先期抵达占城。《明实录》记载，一年之后大明朝廷颁发给占城国一张奖状，上面写的是"占城助兵讨安南"有功。郑和之行，原是先机。

朱能、张辅的大军是从广西、云南入境的，安南国南部的占城国又来了郑和的舟师，南北围堵与夹击，安南国如果想跳海，机会已经所剩无几了。

安南国境内炮火连天，占城国的欢迎仪式精彩热烈。郑和船队停泊在占城海岸，大明正使郑和率五百余官兵登陆，前来迎接的是占城国王。

中南半岛最南端的占城国，与中国的关系一直亲切友好。占城国本是汉代的象林县，东汉永和二年（137年）独立。这大国一旦国势衰微，什么闹心的事情都可能发生。总体上看，多数历史时期占城国都是中国的朝贡国，明初的占城国即奉大明为宗主，正因为关系太友好，建文帝朱允炆逃亡海外的第一个嫌疑，自然也被锁定到了占城国的头上。

郑和代表大明给了占城国丰厚的赏赐，收的赏金越多，占城国王心里就越过意不去。占城国总不能弄个假建文帝，送给大明交差啊！

不能冤枉一个好人，也不能放过一个坏人。占城国明确表示没有大明要找的人，郑和也不能凭传闻硬逼人家。蔡东藩在《明史演义》中说郑和在占城一无所获，指的大概就是这种情形。

郑和在占城没有找到建文帝是事实，但并不是蔡东藩讲的无所事事。郑和手下的官兵有近三万人，这人闲着也是闲着，不如义务帮人家做点好事。与大明相比较，占城是个相当落后的国家，马欢《瀛涯胜览》曰：占城国"人家耕牛，走入山中，自生自长，年深成群"。这种自然状态下，占城的老百姓连打水井都不会，农业技术更显得粗放。郑和派人教当地人制作农具，传授精耕细作农业技术等。

教完农业，再教工业。占城国王见到明朝的铜钱，觉得这确实是个好东西，就是不知道是怎么弄出来的。郑和派人给国王置工场，还真让占城国第一次生产出了自己的铸币。

生活方面，郑和也派人教当地人。占城是个沿海国度，空气湿度大，老百姓的住房十分简陋，平时潮湿，水涨容易被淹。《瀛涯胜览》载："民居房屋用茅草盖覆，檐高不得过三尺，出入躬身低头，高者有罪。"郑和教他们造屋方法，让他们先立四根木柱，离地丈余再住人，没了潮气，视线也好。

占城的物产很丰富，问题是大家逮着什么吃什么。郑和还告诉他们，别老把豆子放在嘴里嚼，制成豆腐味道不更好吗？占城人就这么学会了做豆腐。

从占城国王到普通百姓，郑和真的做到了亲如鱼水。如果建文帝朱允炆真的隐匿在占城国，这么深入的调查，不可能没有结果。

想找的人没找到，这或在情理之中。出人意料的是，郑和派出去找人的人，居然消失了，并且还是一批。

占城国哪方面都不如大明，唯独美女是个例外。当然，这并不等于大明没有美女。经历蒙元游牧民族的熏陶，汉人传统大为撕裂，明初成了一个回归传统并矫枉过正的时代。"笑不露齿，行不摆裙"，大明女子想不做也是不行的。而占城本是个热带地区，平民生活处于简朴，女子"行不着裙"的现象比比皆是。

有异域美女的诱惑，血气方刚的大明官兵难免出事。郑和抵达占城后，曾遣派数百名官兵穿越占城，到明境传递重要信息，但最终向郑和复命的，只有数十人。绝大多数官兵，都钻进了占城美女的怀抱，在占城娶妻生子，成为当地华侨先祖。

经不住美色的诱惑，导致大明官兵逃逸似有可能，但这不是原因的全部。明初对军士逃亡的处罚十分严厉，统兵将领、军人亲属及所属卫所皆要受"连坐"，况且郑和出使西洋的官兵甄选得尤为严格，军士逃亡的可能性不大，尤其是发生在军官身上，可能性更是微乎其微。

随郑和下西洋的官兵，相当一部分来自锦衣卫。这是大明担负特殊使命，且富有侦缉能力的特殊部队，他们究竟是为占城美女所惑，还是在占城玩起了"潜伏"，没有确切的史料能够证实。

征讨安南之役，明军以压倒性的态势大获全胜。永乐五年（1407年）四月，明军擒获安南黎氏政权首领黎季犛及其子黎澄，随后将安南置于大明的管辖。

郑和在占城的使命已经完成，尽管带有无法言表的遗憾。永乐四年（1406年）六月，他继续南下驶向大海的深处。

从福建到占城，大多处于近海航行，航线清晰，且有充足的航行经验。远航渺茫的南洋，郑和舟师势必迎来一系列的挑战。

3. 无处不在的海外风险

郑和舟师南下的目的地是爪哇，即今印度尼西亚的爪哇岛。明初的爪哇岛上存有几个国家，以爪哇国为最。

爪哇国与中国的交往最早可追溯到东汉时期，元世祖曾发兵攻入爪哇，但这种敌对关系，随着明朝的建立而改善。洪武二年（1369年），明太祖派遣使者诏谕爪哇即位消息，爪哇也开始朝贡大明。

生活在爪哇的主要是三种人：当地土著人，做生意而流落于此的阿拉伯人，以及大量来自广东、漳州、泉州等沿海地区的中国人。爪哇与大明交往密切，中国人在此又数量众多，郑和舟师深入爪哇探清虚实，也是非常必要的。

爪哇距中国海岸线有两千余公里，不是说想去就能去的，尤其郑和船队这种大规模的远航，反而比没有严格时间要求的小规模远航，难度系数要增加许多。

首先是人的心理承受不了。即便是从占城出发，气象条件良好也要二十余昼夜。除了看天，就是看水，并且水天还是一个样子，情绪的传染下，官兵都会寂寞难当，风浪的颠簸就不说了。好在郑和船队上配有大量医生与僧人，医生与僧人在异国相当于行善与学术交流，在船上则对船员进行心理治疗。古代最好的心理治疗，就是宗教这张良方。

客观上的难题，在于远航技术。这对大明来说，问题并不太大。元代通常被视为文化蛮荒的时代，其实元朝是个被严重低估的朝代，中国古代的航海技术，在南宋与元代都有长足的发展。在老百姓坚信"天圆地方"时，元廷中已经有了"地球仪"，尽管这上面错误百出。只是这些在当时都是朝廷的机密，或者说是国家的"核心技术"。宇宙观颠覆了，对传统社会秩序的影响，肯定是灾难性的。"地球仪"这等新玩意，是不能在老百姓中瞎宣传的，更不易科普。

一个民族的伟大，不仅在于其智慧，更在于其智慧的传承。什么东西都从一张白纸开始，这个民族差不多也就到了白痴的边缘。明初的造船与航海，正是基于前朝又得以重大突破。永乐年间，大明的远航技术相当成熟，"牵星术"已经能够相当精确地测定地理纬度。有种乌木制成的工具叫"牵星板"，在专业人员的操作下，通过观测北极星或华盖星，以方位星的方位角和地平高度，确认船舶航行的位置。郑和留下的航海史料，记录下的所到之处牵星位置，较之于现代技术测定的地理纬度，仍然基本相合。郑和船队上的阴阳官、阴阳生，从事的就是这种技术活。

郑和船队还有完备的地文航海技术，航海罗盘、计程仪、测深仪等一应俱全。远洋船只上，放置这些专业设备的场所叫"针房"。除了船队中的核心人员，针房是严禁普通官兵随意进入的。这些设备的综合运用，可以准确计程，测量航速，探测水深与暗礁，避免航行中的风险。明茅元仪辑《武备志》中，附有"自宝船厂开船从龙江关出水直抵外国诸番图"，即著名的"郑和航海图"。大国依靠技术的传承，郑和航海基本上依图行进。

即便有了这样的大国智慧积淀，大明在决定船队出海前，仍做了长达两年的精心准备。郑和、李恺、杨敏等，曾奉旨多次前往东西洋（今西太平洋和印度洋）各国，搜集各种海图、航海资料与海况，校正已有的各种航海牵星图样和海图，绘制"能识山形水势，日夜无歧误"的新航海图。

大国最大的优势更见于人才，郑和船队聚集了大明最优秀的航海技术人员与工匠，包括阴阳官、阴阳生、火长、舵工、班碇手、铁锚、木舱、搭材等匠，以及余丁、民稍等。火长即指挥航海的船长（船师），舵工是执行火长指令的操舵手，班碇手负责起落船锚，铁锚、木舱、搭材等匠主要负责船只修补，阴阳官、阴阳生负责天文气象观测与预报，余丁、民稍负责升帆落篷、摇橹、划桨、撑篙与日常的清洁保养等。

但百密难免一疏，郑和船队战胜各种自然风险抵达爪哇国后，意外地遭到了爪哇国官兵的攻击，一百七十余名大明官兵牺牲异邦。

回击还是容忍？郑和是一位成熟的外交家，任何决策必须坚持国家利益至上。郑和妥善地处理了这起意外事件，他要把明成祖交付的使命进行到底。

爪哇国其实对大明并不仇视，但实际情形又与郑和在国内时的研判大相径庭。跟随郑和出访的马欢，在《瀛涯胜览》中记载了爪哇国当时的国情。

爪哇国相当原始落后，国王居住的地方只是一个规模较大的村庄，王宫的周长不过三百步，四面树以砖墙，里面陈设也比较简陋，覆地以板，板上是一块藤花席，国王就盘膝坐在上面办公。国王特别之处是头戴金花冠，胸部围一条嵌丝佩巾，再用锦绮把腰缠起来。鞋子没有，国王外出自己骑象或坐牛车。

普通平民家里，不仅没有床凳，吃东西连筷子也不用。开饭时，食物装在一个大盘子里，一家围坐在一起用手抓。吃完之后，用手在嘴里搅一搅，清除牙齿上的食物残渣。土著人的长相相当怪异，崇信鬼教，蛇、蚁、虫、蚓之类的东西逮到便吃，或以火烧至微熟。最让大明官兵看不下去的，是人与狗共用一个食器，晚上睡觉也睡在一起。

爪哇国的特产也是有的，胡椒、檀香、沉香等。这些，都是大明的奢侈品，在大明市场上非常昂贵。采购这些贵重物品，也是郑和下西洋的一个目的。出动这么庞大的航海队伍，奔着某一个目的是划不来的。

爪哇国最不值钱的，就是人命。做买卖时钱物不明会拔刀相斗，喝酒时一语不合也是拔刀相向。砍死人怎么办？当场被逮着杀人偿命，躲过三天没被逮着那就算了。爪哇国的"法律"也是有的，但处罚只有一种：不论犯了什么事，逮着了就用细藤反绑双手，拖着犯人走几步，用刀在犯人要害处捅几刀，一律都是死刑！

地方的传统节日，叫作"竹枪会"，实际就是一种比武大会。之所以叫"竹枪会"，是因为比武双方使用的器械只是一根实心竹竿，竹竿顶部削得尖利如刀，但不准加铁刃。"竹枪会"每年初春举行，国王亲自主持。比武的男子排成两队，手里拿着竹枪，他们的妻子则手持三尺长的木棒助战。比赛时以鼓声紧慢为号，男子执竹枪前进，与自己对面的男子互戳，双方妻子则用木棒互殴，一共交锋三个回合。这种比赛有点像现代击剑，但比赛选手是不着防护服的，尽管使用的是竹竿，选手被刺死的风险还是很大的。

如果被刺死了怎么办？赔钱了事。国王命令获胜者出一个金币，作为对死者的赔偿，并负责死者家属的生活。这种规则，获胜的一方似乎也没什么好处，至少是要赔负方一笔钱。但是，"奖品"也是有的，就是负方遗下的妻子，获胜男子将其当"奖杯"捧回去。

爪哇国的民俗，文明程度也与大明相去甚远。参加婚礼的新娘，居然光着脚，披发裸体，身上只围佩巾，加一点饰物。老人去世时，可以选择犬腹葬、火葬或水葬。火葬与水葬在大明的一些地方也存在，多带有一点宗教色彩，犬腹葬就有点不可思议了：子女将父母的遗体抬到海边或野外，然后坐等野狗来吃，尸肉若被吃光子女们会很高兴；如果没被吃光，子女们便会号啕大哭，将剩下的尸骨丢入水中，他们认为这不是一个吉祥的兆头。

头目、富人等尊者去世后，还有殉葬。尊者出殡，会制作一个木头高塔，下面堆满柴火，然后纵火焚棺。妻妾数人头上戴满草花，身披五色花手巾，在木塔上号哭良久，最终跳入火中与主尸一同焚化。

爪哇国相当蛮荒，郑和令手下四处寻觅，总算找到一个"繁荣"之地。这里叫"新村"，有一千多家，是中国移民聚居而成的村落，村长原来是个广东人。这些华人因与阿拉伯等番商从事贸易,在爪哇算是最富裕的了。

这些华人移居爪哇,并非都来自元末明初,不少都是唐、宋遗民的后裔,但对祖国仍怀崇敬之心。对这些"天朝弃民",郑和以朝廷的名义进行了宣慰,令他们深受鼓舞,大为感动。他们编撰了诸多关于郑和的传奇,口口相传。尽管南洋地区很多郑和的传说不是史实,但郑和始终是南洋华裔心目中的"护侨之神"。

整个爪哇岛,同样没有发现大明的"敌对势力"。虽说"天朝弃民"在此人数众多,但他们对祖国多具感恩之心,无论是主观还是客观,都不会对大明构成威胁。

诏谕爪哇国,宣慰诸侨民,采购爪哇珍宝特产,大明使团的显性公务业已完成,郑和决定率船队前往古里。

古里是郑和首下西洋的预定目的地,也是郑和一生生命画上句号的地方。古里对郑和的重要性似乎命中注定,它对大明国运的影响同样非同一般。

4. 假驸马的真麻烦

古里国位于今印度西南喀拉拉邦的科泽科德一带,明代的印度,尚未形成统一的国家。古里国在印度半岛西端,自古就是印度洋上的交通要冲。

大明对古里国的关注,体现的是卓有远见的大国安全战略。明成祖是位极富洞察力的帝王,审视内忧外患,一种由来已久的不祥之感再度袭上心头。

这丝不祥之感,至少来自七年之前。洪武二十八年(1395年),明太祖派遣兵科给事中傅安一行,出使帖木儿国(《明史》称之为撒马尔罕国),但集体失踪,音讯全无。

洪武三十一年(1398年),即将离世的明太祖,再次派遣按察使陈德文一行出使帖木儿帝国,使团依旧杳无音信。

大明使团，多达一千五百人，怎么会这样消失得一干二净？难道……但是，不太可能，帖木儿国应该是个友好番国，两国修好，也是对方主动请求的。

帖木儿国的创立者埃米尔·帖木儿（1336—1405年），出生于撒马尔罕以南的碣石（今乌兹别克斯坦南部沙赫里萨布兹），先祖是蒙古巴鲁剌斯部首领。作为征服者，这个部落长期生活在中亚，与突厥人混居，帖木儿本人实际上是个高度突厥化的蒙古人。

既不"蒙古"，也不"突厥"，真正的大蒙古国衰落时，帖木儿与朱元璋一样毫不客气。1362年，帖木儿聚众起义，攻杀蒙古人。帖木儿是名副其实的战神与天才军事家，但这也是后来练就的。早年在与蒙古人作战时，帖木儿命虽没丢掉，腿却被蒙古人打残了，人称"跛子帖木儿"。

跛子帖木儿形象受损，声望却与日俱增。当然，这是需要不择手段的。1370年，跛子帖木儿杀害了自己的盟友和朋友异密·忽辛，攫取了河中地区。忽辛的妻子是西察合台汗国哈赞汗的女儿，跛子帖木儿将其"过户"到自己的名下，虽说是"二婚"，倒也是"察合台汗国驸马"。

跛子帖木儿选择"驸马"身份，极具智慧：女婿打蒙古老丈人，女婿利用蒙古老丈人，都能说得过去，反正哪个好用就用哪个。

偷梁换柱来的"驸马"，毕竟有点别扭，跛子帖木儿决定弄假成真。接下来，他娶了穷途末路的东察合台大汗黑的儿火者的女儿塔瓦卡勒公主。两个公主的"含金量"其实都不高，但跛子帖木儿算个真驸马，绝对已经没问题。

跛子帖木儿当初遣使矢比力矢朝贡明朝，是因为他与成吉思汗的直系后裔脱脱迷失在中亚一带大打出手，需要有一个有利的外部环境。据《明史·列传·西域四》记载，跛子帖木儿向明朝贡了三百匹马，还上了一道精彩的贡表：

> 恭惟大明大皇帝受天明命，统一四海，仁德洪布，恩养庶类，万国欣仰。咸知上天欲平治天下，特命皇帝出膺运数，为亿兆之主。光明广大，昭若天镜，无有远近，咸照临之。臣帖木儿僻在万里之外，恭闻圣德宽大，超越万

古。自古所无之福，皇帝皆有之。所未服之国，皇帝皆服之。远方绝域，昏昧之地，皆清明之。老者无不安乐，少者无不长遂，善者无不蒙福，恶者无不知惧。今又特蒙施恩远国，凡商贾之来中国者，使观览都邑、城池，富贵雄壮，如出昏暗之中，忽睹天日，何幸如之！又承敕书恩抚劳问，使站驿相通，道路无壅，远国之人咸得其济。钦仰圣心，如照世之杯，使臣心中豁然光明。臣国中部落，闻兹德音，欢舞感戴。臣无以报恩，惟仰天祝颂圣寿福禄，如天地永永无极。

面对这份贡表，明太祖忍不住夸了句"有文采"。明太祖最欣慰的是，敌人的敌人等于是朋友，大明又多了一个对付蒙元的盟友，这才"命给事中傅安等赍玺书、币帛报之"。

明成祖对这段往事了然于胸，但对傅安等为何有去无回则无从知晓。要解开谜团，唯一的办法就是再派人去看看。这一派，人影又没了。

明太祖与明成祖派出的使者究竟到哪去了？其实都在帖木儿那儿，并且一批比一批惨。

傅安到了帖木儿国，等于上了"黑导游"的车。《明史·西域》："初，安（傅安）至其国被留，朝贡亦绝。寻令人导安遍历诸国数万里，以夸其国广大。"

傅安一行出发时，帖木儿正在攻打格鲁吉亚。傅安到达时，帖木儿已经战胜了脱脱迷失。一连串的胜利让明朝在帖木儿的眼里已不算啥"玩意"了。

当傅安以天朝上国使臣的身份晓谕"臣子"帖木儿时，帖木儿抚摸着那只残疾的腿，一双阴鸷眼睛盯着傅安："倨中国去我远，天子何如我也？"

明明自己主动向大明称臣，怎么又突然改口，说大明皇帝还比不上自己呢？没有上下啊！傅安很倔强，对帖木儿"反复开谕"，帖木儿一挥手：玩去吧！

就这样，傅安被人押着在帖木儿的占领地到处跑。帖木儿还真不是吹牛，他摧毁了八个王朝，二十七个国家，占领地多达一千多万平方公里，傅安整整跑了六年，几乎被跛子帖木儿弄成跛子傅安。

等陈德文来到帖木儿国，跟帖木儿啥话也没说上，就被直接囚禁了。

明成祖的使者，按照朝廷的旨意，责问帖木儿为何不来纳贡？帖木儿对本来坐在西班牙使者上位的明朝使者说：你坐到他的下位去！

公然羞辱不算，帖木儿当着西班牙使团的面，斥责大明使者：给你们纳什么贡？我倒要会会你们的皇帝，让他称臣纳贡于我帖木儿！

这分明是威胁，而不是嘴硬。这时的帖木儿，已战胜强大的奥斯曼帝国，也获悉明朝经历了内战（靖难之役）。趁火打劫，帖木儿的嗅觉天生灵敏。

明成祖还在等，一年，又一年，没有等到傅安、陈德文诸人的任何消息，但等到令人震惊的一条信息。

《明史·西域》："永乐三年，傅安等尚未还，而朝廷闻帖木儿假道别失八里率兵东，敕甘肃总兵官宋晟儆备。"

别失八里，即今新疆。永乐三年（1405年），大明朝正备战大军平定西南的安南，同时紧急备战西北应对即将入侵的帖木儿。这年冬季，明成祖遣派郑和下西洋，既定的目标便选择了古里。

古里，同样是帖木儿攻打的又一个目标。明成祖在下一盘很大的棋！

5. 坏制度的大好处

但是，明成祖同样没有等到帖木儿。曾经不可一世的帖木儿，确实带着元昭宗之孙孛儿只斤·本雅失里，率领二十万大军，号称八十万，浩浩荡荡东征大明。

"老骥伏枥"言述的最老的一匹马，当数这位跛子帖木儿：他比明太祖仅小八岁，算得上明成祖的父辈，古稀之年仍有征服世界第一大国大明的雄心，让自己由全球第二变成世界第一。可惜，人算不如天算，东征途中，跛子帖木儿病逝于讹答剌（今哈萨克斯坦境内）。

明成祖与帖木儿都是天才军事家，大明王朝与帖木儿国都是世界顶级的军事强国，但制度文明上，帖木儿国则远逊于大明王朝。正因为这一点，大明王朝意外地躲过了生死一劫。

坏制度的好处，往往会送给别人；坏制度的坏处，往往是留给自己的。帖木儿死后，"人亡政息"的恶果急速呈现，帖木儿国于讹答剌就地瓦解，因王位之争，帖木儿国陷入内乱，东征大军各自返回自己的领地。

这场争斗格外热闹。帖木儿在世时，曾将领土分封给子孙，并指定其孙皮儿·马黑麻为嗣君。闻讯帖木儿病逝，马黑麻率军前去争位，结果被帖木儿的另一个孙子哈里勒打败。马黑麻退回阿富汗，又被部下所杀。帖木儿第四子沙哈鲁，以替马黑麻报仇为名夺取了王位，并将除西波斯以外的领土统一起来。

沙哈鲁死后，帖木儿帝国再次发生内乱，其长子兀鲁伯被自己的儿子阿卜拉·拉迪卜所杀，拉迪卜最后又被兀鲁伯的亲信杀死。帖木儿帝国一分为二：河中地区落到了帖木儿三子米兰沙之孙阿布·赛义德之手；呼罗珊地区则被帖木儿次子乌马儿·沙黑·米尔扎的后代苏丹·侯赛因·拜卡拉占据。1501年，乌兹别克汗国灭河中帖木儿王朝；1507年，又灭呼罗珊帖木儿王朝。但帖木儿的家族并没有就此消失，帖木儿的五世孙巴布尔以喀布尔为根据地，在复辟的企图失败后进入印度，于1526年建立了莫卧儿帝国。印度历史上最强大的莫卧儿王朝，版图包括整个印度次大陆，对周边地区构成严重威胁。中国的周边，局势就是这么风云变幻。

帖木儿病逝后的严重内乱，迫使继承帖木儿帝国王位的争夺者与大明修好。这一回，明成祖没有等到帖木儿的大军，却意外等到了傅安一行。帖木儿之孙哈里勒，这位本可顺利世袭"世界亚军"的王者，如今沦为全球竞技场上的一个普通选手，而且面临着深重的内忧外患，为了自身的安全，永乐五年（1407年），哈里勒派遣大臣虎歹达"送兵科给事中傅安、郭骥等自撒马尔罕还，并贡方物"。

十三年前，出使西域的傅安率"官军千五百人"。十三年后，"生还者十有七人而已"。

悲凉？算不上。这种结果对大明来说，算是帖木儿帝国坏制度上结出的最好果子了。

更为珍贵的是，明成祖从傅安这里获得了帖木儿国与大明西域的准确信息，对大明王朝的外部环境有了更准确的研判。明成祖的雄心，可以自信地坚持到底。

6. 大国新径与卫国狠招

复杂而严峻的外部环境，严重影响着明王朝初期的治国方略。朱元璋北伐檄文《谕中原檄》提出的口号是："驱逐胡虏，恢复中华。"

檄文中"胡虏"，既非专指蒙古人，也非专指蒙古国。《谕中原檄》明确表述："如蒙古、色目，虽非华夏族类，然同生天地之间，有能知礼义，愿为臣民者，与中夏之人抚养无异。"

大国的敌人是相对的，并且还是与时俱进的，没有一成不变的死敌。洪武元年（1368年），元顺帝妥欢贴睦尔弃大都（今北京）北逃，两年后死于应昌（今内蒙古境内），其子继位后再退至漠北，国号仍是大元，明代的史料称其"北元"或"残元"，这是当时大明的敌人。

蒙古国与北元有什么区别呢？差别极大。成吉思汗开创的"大蒙古国"，是一个地跨欧亚的超级大国。忽必烈是大蒙古国的末代可汗，也是元朝的开国皇帝。这时的大蒙古国除了元朝，还有钦察汗国、察合台汗国、窝阔台汗国和伊儿汗国"四大汗国"。忽必烈开平（今内蒙古锡林郭勒盟正蓝旗境内）称汗后，四大汗国除伊儿汗国外，其他三大汗国都不承认忽必烈政权。元朝的建立，即以大蒙古国四分五裂为代价，元朝因此政令、军令等均不能行达四大汗国。而那四大汗国，基本上也不与中国发生关联。随着时间的推移，只有蒙古（1206—1271年）—元朝（1271—1368年）—北元（1368—1388年）—鞑靼（1388—1635年）这一条线，与中国存在特别的关系。

鞑靼与瓦剌，严格地讲与北元都没有明显的承袭关系。鞑靼本是对欧亚大草原不同游牧民族的泛称，13世纪初为成吉思汗所征服，明代的鞑靼则指蒙古高原东部建立的鞑靼政权。"瓦剌"的意思是"草原之民"，元朝时称斡亦剌或卫拉特、卫喇特，明朝则用来称呼西部蒙古。中原人对蒙古草原各系族源，并不十分清晰，习惯笼统称呼。

元室衰微后，草原各势力趁机崛起并参与元室各派系纷争。除瓦剌、鞑靼外，还有兀良哈一支。兀良哈本为突厥族，元代被成吉思汗统一，明初为瓦剌控制，名义上归附明朝，实际上又活跃于东、西蒙古之间。鞑靼部居今贝加尔湖以南和蒙古国大部分地区，瓦剌部居今蒙古国西部和准噶尔盆地一带，兀良哈部居在今内蒙古老哈河和辽河流域一带。明建文元年（1399年），鞑靼部首领鬼力赤杀死最后一任残元皇帝，元朝在历史上彻底消失，这就是明初的北部形势。

蒙元是大明的死敌，但大明东南沿海的形势同样不容乐观。有关学者根据《明史》《明实录》《明史纪事本末》《筹海图编》《日本考略》《国榷》《天下郡国利病书》《广东通志》《宁波府志》《定海县志》《揭阳县志》《潮州府志》等十二种史料统计：洪武时期海盗为祸中国二十一次，倭寇进犯三十六次；永乐时期海盗为祸中国十三次，倭寇进犯二十六次。

永乐时期较之洪武时期，海患频率大幅度下降，与郑和出使东洋及屡下西洋密切相关。这种融政治、经济、军事于一体的国家行为，对大明东南沿海的海患，起到了标本兼治的作用。如果没有郑和下西洋这样的国家行为，永乐时期的海患有可能更加严重。

史料显示，洪武时期歼灭倭寇的数量，多在数十或数百人，最高纪录是两千余人。而永乐时期歼灭倭寇的数量，通常都在两千人以上，最高纪录则高达七千余众。如果没有有效的应对，永乐时期的倭患很可能比明朝中后期闹得更凶，国家的外部环境也会更加复杂。

"北虏南倭"，通观明初的治国方略，国际局势的研判相当精准。而这种准确的外部形势研判，建立的基础正是外部世界信息的获得。明初的郑和下西洋不是孤立事件，一大批明朝的使者活跃在大明的"陆上丝绸之路"与"海上丝绸之路"上，最终对国家战略产生深刻影响。

陆上丝绸之路起源于西汉，是由张骞出使西域开辟的以首都长安（今西安）为起点，经甘肃、新疆，到中亚、西亚，并连接地中海各国的陆上通道。这条古老的"丝绸之路"，对大明有着特殊的意义。

这时的西域诸国，与故元势力有着千丝万缕的联系。明太祖遣派傅安等出使西域，目的就是"西控西域，南隔羌戎，北遮胡虏"，"断匈奴之右臂"。明成祖对西域诸国"以不治治夷狄"，永乐元年（1403年）即遣侯显出使西域。侯显出身西番十八族，约在1378年沐英、蓝玉征讨洮州（今甘肃南部）时，被虏阉割为宦官。

《明史》载："当成祖时，锐意通四夷，奉使多用中贵。西洋则和、景弘，西域则李达，迤北则海童，而西番则率使侯显。"侯显曾经两度奔赴乌斯藏（西藏），成功地处理了汉藏关系，后又多次出使西域，曾一次带回了十七国使臣前来大明朝贡。侯显还曾作为郑和的副手，参加了第一至第三次下西洋。《明史》称："（侯）显有才辨，强力敢任，五使绝域，劳绩与郑和亚。"在大明的使者中，侯显的声名与影响仅次于郑和。

对西域诸国，明成祖"怀柔远人，厚往薄来"。永乐四年（1406年）十月，"回回结牙思进玉碗"，明成祖坚持不受，命礼部赐钞遣回，对尚书郑赐说："此物今府库有之，但朕自不用。""虏贪而谲，朕受之，必应厚赍之。将有奇异于此者，继踵而至矣，何益国事哉。"明成祖始终从国家利益的高度，处理与海外番国的关系。

"海上丝绸之路"形成于秦汉时期，是古代中国与外国交往的海上通道，繁荣于唐宋，在明永乐时期达到巅峰。从国家安全的角度，郑和下西洋建立起的大明"海上丝绸之路"，对明初的国策影响更为显著。

洪武时期一次又一次地严行"海禁"，是由于"缘海之人往往私下诸番，贸易番货，因诱蛮夷为盗"，侧重于"防"。明成祖通过对外部形势的掌握，由"防"而"放"。其中最突出的，就是通过郑和下西洋扩大与海外的朝贡贸易。

为推行对外开放的政策，明成祖还采取了重要措施，恢复并正式建立了市舶司制度。永乐元年（1403年）八月，于浙江、福建、广东三布政使司内设立"提举市舶司"，专门负责处理外贸事宜。永乐三年（1405年）九月，又于福建、浙江、广东三市舶司内各设驿馆以居外人。这些机构的设立，促进了永乐时期的对外贸易活动。

大明与海外的贸易活动，只限于国与国之间的朝贡形式，谈不上民间的自由贸易，这又是什么原因呢？这是一种"计划"色彩很浓的海外贸易形式，也是一种探索中的贸易形式。否认探索，就无从创新，硬说是扼杀"资本主义萌芽"实离题太远，明王朝最现实的考量是国家安全至上，特定历史条件下海外贸易形式，必须为国家政权所驾控。

由于地缘关系，古代中原王朝与北方民族的矛盾几乎永恒，二者之间的矛盾，基本上又是抽象的农耕民族与游牧民族间的冲突。汉、唐与匈奴如此，明朝与瓦刺、鞑靼之间同样如此。明朝由于幅员辽阔而能自给自足，北方这些少数民族则对南方的手工业制品及农产品等存在极大的依赖。蒙古高原物产稀少，盐、铁尤其紧缺。蒙古人主要食肉喝奶，茶叶有助于其改善饮食，防止生病，甚至与盐一样重要。明朝对蒙古人的"贸易战"，即是对茶叶等生活物品全部禁运，同时全面禁运铁器。见于经济领域的"贸易战"，对蒙古部落的军事活动与生产生活十分致命。军事与贸易手段的并用，通观整个明朝屡见不鲜。

北方民族对中原的军事优势，只有机动性极强的骑兵。明初的战略措施，就是将"农牧界线一直推到今陕北与内蒙（古）之间，草原开垦殆尽，几乎全成了农田植被（《中国历史自然地理》）"。为了最大限度地扼制北方游牧民族，大明王朝更是使出了绝招。据《日知录》记载："边将遇秋深，率兵约日同出数百里外纵火焚烧，使敌马无水草可恃，如此则在我虽有一时之劳，而一冬坐卧可安矣。"

放火烧荒，在农耕民族与游牧民族之间构筑百里宽的"鸿沟"，在特定的历史条件下，不失为一条"防边良策"，只是这招数有点狠。

"无人区"的设置仍是被动性的，明朝主动性的卫国战略又是什么呢？这就是通过郑和下西洋，谋求沿海地区的和平环境，以足够的精力防御北方，对游牧民族主动进攻，避免他们放马中原。明太祖朱元璋时，先后八次组织北伐，远征蒙古。明成祖朱棣时，"五出漠北，三犁虏庭"。

"犁庭扫穴"，像是将敌对势力连根拔起，其实也是不得已而为之。永乐七年（1409年）二月，明成祖遣使鞑靼，向其送去了橄榄枝，希望同鞑靼"相与和好，朕主中国，可汗主朔漠，彼此永远相安无事"。而鞑靼竟诛杀了大明的使臣，明成祖不得不派淇国公丘福率兵十万，将"逆命者歼除之"。可惜的是，十万明军在胪朐河（今克鲁伦河）全军覆没。永乐八年（1410年）二月，明成祖只好御驾亲征，率五十万大军亲征鞑靼，在斡难河畔大破本雅失里部，再于兴安岭击溃阿鲁台军。

橄榄枝换成大棒，阿鲁台才臣服于大明。鞑靼势衰，早已降附明廷的瓦剌又有了放马中原的雄心。永乐十二年（1414年），明成祖只得又亲征瓦剌，最终以明廷惨胜而告终。永乐二十年至二十二年（1422—1424年），明成祖又三次亲征蒙古诸部。即便如此，蒙元势力仍旧叛服无常。

二百八十余万字的《明史》，北伐的记述连篇累牍，提到"海禁"的一共只有七处。复杂的外部局势，就这样不断地影响明王朝的决策。

但是，大明王朝"闭关锁国"则并无史实。真正的"闭关锁国"，其实只出现在清朝。明清的"海禁"区别在哪呢？明初海禁是出于倭患防范的考虑，禁止的是民间贸易，由国家间的朝贡贸易替代，并在隆庆年间开关贸易，允许民间东西洋贩运。而清朝的海禁，旨在"防汉制夷"，打击反清复明势力，将沿海地区变成了无人区，康熙、乾隆时期屡有反复。更为要命的是，清朝对西方科技、文化死板排斥，而不是明朝式的借鉴、吸收，最终沦为半殖民地，二者的宗旨是大不一样的。

不能睁眼看世界，一条老路走到底，对民族、国家来说注定是一条危途。把民族、国家的命运，押在一个支点上，才是真正的短视。

深谋远虑

中国是传统的农耕大国，同样也是个海洋大国，海洋为国家不可或缺的资源，中国人的生活有着海水的底色，并且浸入骨髓。

"混江龙"李俊是《水浒传》中的人物，没上梁山前是个艄公兼贩私盐。在百二十回本《水浒传》第一百十四回，李俊等人萌生了退出江湖的念头，准备打一只大船，"江海内寻个净办处安身"。在第一百十九回，李俊终于将计划付诸行动，"尽将家私打造船只，从太仓港乘驾出海，自投化外国去了，后来为暹罗国之主"，这条"混江龙"居然真的成了"真龙天子"。

《水浒传》是小说不是历史，但李俊下西洋的出发地太仓港与目的地暹罗国，竟与郑和下西洋的路径高度重合。历史记忆可能被人为地建构，但历史却是一个客观的进程，《水浒传》成书于郑和下西洋前夕，通往大海"太仓——暹罗"航线，显然是为世人熟知的。一个将自己起点"归零"的民族，绝对是悲哀的，郑和下西洋显然一个民族海洋征服史的延续。

郑和七下西洋时，至少三次到达了暹罗。历史被西方学者视为"悬在我们身后的星座"，即历史为今天定位，也为未来指航。郑和出使暹罗，又留给大国怎样的启示？

1. 大明外交纪录的创立者

暹罗国即今泰国，位于亚洲中南半岛中部，东南濒暹罗湾，西南濒安达曼海。宋元时期，这里有"暹国""罗斛国"两个国家。元末明初，南方的"罗斛国"征服了"暹国",这就成了"暹罗斛国"。

"暹罗"这个国名,还是大明为它取的。洪武十年(1377年),昭禄群膺王太子承父命来到大明,明太祖册封阿瑜陀耶国王为"暹罗国王",赏赐印章的印文即为"暹罗国王之印"。《明史》载:"自是,其国遵朝命,始称暹罗。"

大明王朝为暹罗赐名,暹罗显然是接受的。但暹罗国则以国都而自称,并且一直是这样,如素可泰王朝、大城王朝、吞武里王朝、曼谷王朝等。"朝者,天下一家也;国者,一族之领地也",泰国通常被视为小国,地区影响也不是太大,而历史上的暹罗国则相当有个性,也是蛮有自信心的。

明时的暹罗与大明陆路相连,海路相通。《瀛涯胜览》曰:"自占城向西南船行七昼夜,顺风至新门台,海口入港,才至其国。"

由于地缘关系,暹罗国在明朝的外交史占有极特殊的地位:大明王朝的第一份"国书",即是颁给暹罗国的。《大明会典》载:"凡勘合号簿,洪武十六年始给暹罗国,以后渐及诸国。"

勘合号簿,是朝贡贸易中必须持带的表文,也是朝贡使节的外交公文。明朝的海外贸易,被限定于严格的"朝贡"仪式之下。整个明代,大明遣使出访暹罗十九次,暹罗遣使朝贡大明一百零二次,勘合号簿这种"国书"都是必不可少的。

暹罗也是一个对国际事务极度敏感的国家,对明初大明内部最高权力的更迭,反应非常及时,应对也非常恰当。永乐元年(1403年)正月,明成祖于奉天殿接受朝贺,随后大宴文武群臣及暹罗国等四夷朝使,随后即遣郑和前往暹罗。《敕封天后志》载:"永乐元年,差太监郑和等往暹罗国。"

郑和的这次出访,并不包括在其七下西洋之内,而是大明对友好国家的回访,又是大规模下西洋的前奏。"下西洋"特指郑和的外交航海活动,而这一次郑和出使暹罗,则是为了校核航海资料中的海岛山形、水文资料、风土人情,积累航海经验,试验航海船只,为即将启动的远航进行准备。在这里,暹罗国又创下了一项"第一"。

老是在大明拿"第一"的暹罗,究竟是个什么样的国家呢?

《瀛涯胜览》载："（暹罗）国周千里，外山崎岖，内地潮湿，土瘠少堪耕种。气候不正，或寒或热。"《星槎胜览》载："其国山形如城，白石峭峋。地周千里，外山崎岖，内岭深邃。田平而沃，稼多丰熟，气候常热。风俗劲悍，专尚豪强，侵掠邻境，削槟榔木为标，水牛皮为牌，药镞等器，惯习水战。男女椎髻，白布缠头。穿长衫，腰束青花色布手巾。其酋长及民下谋议，百物出入钱谷，煮海为盐产。"地形复杂，气候异常，从经济到社会，暹罗与大明比，都处于一种欠发达的状态。

但是，暹罗又是一个富有魅力的国家：珍宝无数，风情万种。今天世界著名的旅游胜地泰国，可不是一日炼成的。《瀛涯胜览》载："其国产黄速香、罗褐速香、降真香、沉香、花梨木、白豆蔻、大风子、血竭、藤结、苏木、花锡、象牙、翠毛等物。其苏木如薪之广，颜色绝胜他国出者。异兽有白象、狮子……"《星槎胜览》载："地产罗斛香，焚极清远，亚于沉香。次有苏木、犀角、象牙、翠毛、黄腊……"

犀角、象牙、苏木、花梨木及各种香料等，都是大明的奢侈品，但在暹罗国很普通，很便宜。郑和来到暹罗国，发现这里珍贵的象牙，如同大明的猪骨头，可以在地上当废品捡。

暹罗国还是个很"开放"的国度，《瀛涯胜览》载："（暹罗国）其俗凡事皆是妇人主掌，其国王及下民若有谋议、刑罚、轻重、买卖一应巨细之事，皆决于妻。其妇人志量果胜于男子，若有妻与我中国人通好者，则置酒饭同饮坐寝，其夫恬不为怪，乃曰：'我妻美，为中国人喜爱。'"《星槎胜览》则直接将暹罗国的这种风俗，称之为"苟合无序"。

较之于"男尊女卑"的大明，暹罗国简直是妇女的天堂。无论是国王还是普通平民，有事都要请老婆来决定。更让大明使团感到惊讶的是，暹罗国的妇女如果与中国男子有私情，丈夫还会这个男子请到家里喝酒，自我表扬说："我老婆漂亮，中国人喜爱她！"

这要是在大明，根据《大明律》丈夫可以将"奸夫淫妇"当场杀死，并且不负任何法律责任。费信跟郑和一起到了暹罗国,为此特地写了一首诗,诗曰:"失序人伦乱,无条礼法轻。"

郑和船队数万人,到暹罗国算是开了眼了。但是,郑和一行千里迢迢奔暹罗国而来,就是为着公款旅游、观光民俗吗?当然不是。

2. 大国外交的基本准则

郑和的船队到暹罗,最重要的一个目的就是为宫廷采购珍奇物品。有时是与官方,有时是直接与当地平民交易。

《瀛涯胜览》载:"(暹罗)国之西北去二百余里有一市镇,名上水,可通云南后门。此处有番人五六百家,诸色番货皆有卖者,红马斯肯的石,此处多有卖者。此石在红雅姑肩下,明净如石榴子一般。中国宝船到暹罗,亦用小船去做买卖。"

上水城,即今泰国北部的素可泰府首府,此前曾是素可泰王朝的都城,繁华的程度可想而知。

上水城在永河左岸,通往海洋的河道漫长而复杂,但这些对郑和船队来说都已构不成技术上的难题。除了"过洋牵星术""海道针经"这些当时最先进的天文导航技术外,测深仪、计程仪等地文航海技术皆全部得到运用。

郑和使团做的贵重物品生意,是采购"红马斯肯的石",即波斯语红宝石的意思。惊人的商品交易发生额,意味着巨大的经济风险,郑和使团有着完善的庶务人员分工。买办负责物品选购,户部郎中负责掌管钱财,书算手负责会计、出纳,办事则负责具体的货品运输、保存。涉外经贸语言不通,没关系,通事就是涉外翻译。

涉外贸易同样涉及"外币"结算问题。暹罗使用的货币比较"原生态",即贝壳加工制成的海肥。根据费信《星槎胜览》的记载,大明给出的"外币兑换率"是

2.4∶1，即十个暹罗海𧵅等于二十四个大明铜币，一万个暹罗海𧵅计硬通货白银二十四两，或钞二十四贯。

暹罗国除了原始货币，也使用贵金属、珠宝甚至手工业品。《星槎胜览》曰："（暹罗国）货用青白磁（瓷）器、花布、色绢、段匹、金银、铜钱、烧珠、水银、雨伞之属。"这意思是说，这些物品都可以拿出去当"钱"使。如果看到有人家挂着一把雨伞，千万不要拿出去遮风挡雨，人家这雨伞等于是家里的"存款"，打雨伞等于是"灯草烧窑"，成本也太大了些。

国际社会近现代化前，国家间的交易体现为掠夺与互酬，比掠夺、互酬更文明与先进的方式便是纳贡。大明的海外贸易公平而公开，这一原则贯穿于郑和下西洋始终，这一点与继大明之后崛起的西班牙、葡萄牙式的血腥掠夺，有着本质的不同。马克思在《资本论》中说："资本来到世间，从头到脚，每个毛孔都滴着血和肮脏的东西。"但是，在商业道德评价尚未确立的时代，郑和使团在暹罗秉承的海外贸易原则，恰恰成为大明下西洋活动的"祸根"。

城镇商业的繁荣，并不能掩盖暹罗的贫穷与落后，这也是欠发达国家普遍存在的发展不平衡。郑和第二次来到暹罗是永乐六年（1408年）春，携带的赏赐物品，包括丝绸、青花瓷器、金银器皿、铁制农具，以及鹿茸、人参等中药材。铁制农具的赏赐对象，显然不是国王或王室。《瀛涯胜览》载："（暹罗）民庶房屋起造如楼，上不通板，却用槟榔木劈开如竹片样，密摆用藤扎缚甚坚固，上铺藤簟竹席，坐卧食息皆在其上。"

一件家具都当"百宝箱"用，生产工具就别提了。农耕的进步依赖农具的改进与技法的改良，否则只有"望天收"，靠运气好撞上一个好丰年。在暹罗国，传授先进的农耕技术，帮助暹罗平民凿井，将生产生活条件一齐改善，都成了郑和使团的义务行为。

暹罗的生产力，是相当落后的。更令大明使团震惊的是，濒临大海的暹罗国，居然不知道食用海盐。暹罗人的食盐，是采掘于山中的岩盐，开采难度大，资源也有限，对人体健康更是有害。躺在盐滩上，居然没盐吃，文明进程不足，这也是没办法的事。郑和与暹罗国王约定，由大明派出技工帮助暹罗生产海盐，条件是暹罗分出一部分供大明使团食用。

这哪算得上"条件"，分明是尽"国际义务"，为暹罗人民做好事！

暹罗的原始森林随处可见，大明船只受海水浸蚀容易腐坏，这让暹罗的"红木"派上了用场。但这同样不是白要，郑和支付给暹罗的是黄金。暹罗是一个崇尚佛教的国度，《瀛涯胜览》载："（暹罗）王系锁俚人氏，崇信释教。国人为僧为尼姑者极多。僧尼服色与中国颇同。亦住庵观，持斋受戒。"明时暹罗出现的真金巨佛，建筑物上的金箔装饰，黄金就是这么来的。

遵循公平的商业原则，提供无偿的国际援助，郑和在暹罗国没完没了地做好事，没有一点目的性吗？当然有，简而言之，就是传播文明，并且是国家行为，而不是个体行为。

郑和是一个富有理想的人，《郑和家谱》称：郑和"才负经纬，文通孔孟"。郑和是一个集儒释道信仰于一身的人，中国正统的儒家信仰，在文化造诣并不太高的郑和身上同样是牢固的。

文明层次不高的人群中，儒家思想又能传播什么呢？只有基于"天道"之下的抽象"天理"，实现世界大同。英国启蒙思想家大卫·休谟在《人性论》中，推导出了"三项基本的自然法"：稳定财物占有，根据同意的转移所有物，履行许诺。传统中国虽没有明确的"人定法""自然法"概念，"天理"即是"自然法"，"天理"至上也就是"自然法"高于"人定法"。对文明本质的认识，同样是中国的文化自信。

郑和在暹罗国传播中华文明，其实也包含现实的目的，并且也是具体的。在做了一系列好事后，郑和郑重地向暹罗王传达了明成祖的一项旨意："引渡"一个人。

这个人名叫何八观，典型的坏人。

3. 并不爽快的海外番王

何八观，福建人。《明史》载：永乐七年（1409年），"时奸民何八观等逃入暹罗，帝命（暹罗）使者还告其主，毋纳逋逃。其王即奉命遣使贡马及方物，并送八观等还，命张原赍敕币奖之"。

正史中记载的何八观事件及其原委，十分简略。但事情受到最高领导人的关注，显然是十分重大的，结合地方史料大致可看出原委。

何八观是明洪武时代的一名军人，作奸犯事后潜逃到了西洋海岛，拉起了一支对抗大明的队伍。郑和船队出使西洋时，何八观心有余悸，以为是大明派人来缉拿自己的。这一吓，就是接着跑，一直跑到了暹罗国。

暹罗是东、西洋贸易中转站之一，到暹罗后，何八观发挥自己的一技之长，联系当地华人，组建了武装队伍，不管是日本还是阿拉伯商人，凡是武装押运的业务他都"接单"。

逃到海外的何八观，又像是改行了，干的是民间商业护航。但这个人真的不容小觑，颇有一些能耐与眼光。他交结暹罗官方，受到了官方的认可与保护。何八观还是个胆大妄为的人，只有天知地知时，还会干些"无本生意"：遇上单独的商船，直接灭口，挣一笔"私房钱"，让官方的"保护费"跟着"打水漂"。

既有前科，又不思悔改，又对郑和第一次下西洋业已肃清的海道构成威胁，此时的何八观，不仅是个大明的"叛民"，而且还给大明带来"国家安全"问题，很大程度上又败坏大明的国际形象，明成祖不能不引起高度重视，让郑和务必解决这个问题。

大明要"引渡"，暹罗说"可以"。但是，郑和拿着"提货单"，就是提不到货，大明始终收不到何八观这个人。

暹罗国不兑现承诺，并不是作风漂浮，办事拖拉，而是也有自己的国家利益考虑。自己不花一分钱，利用何八观增强暹罗对海上贸易的影响，何乐而不为呢？

冒着得罪大明的风险，暹罗国这笔账一点都不"小儿科"。从某种意义上讲，历史上的暹罗也是灾难深重，但总是历尽磨难而不衰，数度摆脱亡国的命运。15世纪以来，地球上共崛起了九个世界性大国，其中的葡萄牙、荷兰、英国、法国，先后殖民暹罗。"二战"时日本横扫东南亚，暹罗竟成了德、意、日为核心的"轴心国"。日本投降后，暹罗转身成为美国在东南亚的军事盟国。暹罗这个小国，与世界大国周旋的智慧以及外交能力，都是颇具风采的。

一个抵着不给，一个便穷追不舍。秉承明成祖的旨意，直到郑和第三次出使暹罗，暹罗国方于永乐八年（1410年）遣返了何八观等人。

解决了一个棘手的难题，还有第二个棘手难题在等着郑和。暹罗国弱小，那是相对的。

暹罗是大明的藩属国，但暹罗也有自己的藩属国。这个不幸的国家，就是满剌加。今泰国向南延伸的半岛，最南端现在属于马来西亚，明时即为满剌加国。

满剌加，现在汉译为"马六甲"，最为人熟知的当数马六甲海峡，是著名的国际贸易通道。当今的大国博弈中，仍旧少不了这个马六甲。海上贸易中得天独厚的地理位置，为满剌加国带来了可观的经济利益，暹罗国想不眼红都有点难。

暹罗国的宗教信仰是佛教，男男女女不当和尚就做尼姑，给人的印象似乎是"善"，但这只是其中的一个侧面。费信《星槎胜览》载："（暹罗国）风俗劲悍，专尚豪强，侵掠邻境。"马欢《瀛涯胜览》的记载则是："（暹罗国）民俗嚣淫，好习水战，其王常差部领讨伐邻邦。"生存的本能，从来都是压倒精神信仰的，偏偏暹罗国又是"人欲"战胜"天理"的地方。一个豪强，一个弱小，充当冤大头的自然就是满剌加。破财消灾，满剌加每年得给暹罗贡献黄金四十两。

永乐元年（1403年）十月，明成祖派遣宦官尹庆出使满剌加，宣示大明威德，赐以织金文绮、销金帐幔等物，酋长拜里迷苏剌受宠若惊，也看到了希望。于是，马上遣使大明，进贡了一批土特产。永乐三年（1405年），明成祖正式加封拜里迷苏剌酋长为满剌加国王。

暹罗是大明的藩属国，满剌加也成了大明的藩属国，逻辑上这两国就该是"平级"关系。更何况"自然法"是全人类智慧的结晶，同是藩属国的暹罗与满剌加，按理应该遵守大明持奉的"天理"。

但是，国际社会如果都讲逻辑，军队岂不成了个累赘？满剌加还是被暹罗欺凌，郑和就成了调停人，并且要以宗主国的名义。

今天马来西亚马六甲一带的华人中，仍流传一个"郑和伞"的故事，说是有一次郑和拜见满剌加国王，国王趁机向郑和诉苦，痛说暹罗经常欺侮自己的桩桩往事。郑和说这事好办，我送你一把伞，暹罗再来欺侮你们时，你撑开这把伞就行了。

几个月后，暹罗国王又派大臣来找麻烦，满剌加国王打开了"郑和伞"。暹罗大臣见到伞上"大明"等几个字，什么话没说就回去了。

药到病除？事实上，满剌加与暹罗之间的矛盾，哪有这么容易解决！

4. 利益比威严更重要

利益面前，不仅"郑和伞"上的几个字不管用，大明皇帝圣旨的分量同样也是有限的。

由于明成祖封拜里迷苏剌为国王，满剌加脱离暹罗而独立，这就成了大明的保护国，并且是免费保护。暹罗十分明白这个道理，也很有针对性地采取了措施：发兵满剌加，将大明封赐满剌加的印诰全部没收。

信物没有了，国王自动降为酋长，那四十两黄金自然还得继续交。

比拳头，满剌加根本就不是暹罗的对手，向大明告状又成了唯一的选择。但是，满剌加国前往大明的船只，又遭到了暹罗国的拦截。好在暹罗的制海权比较有限，满剌加求援的使者，仍是悄悄到达了大明。

冒犯天威的事都敢干，明成祖简直受不了。作为大明的使者，郑和第二下西洋返航时，专程到暹罗发出警告。在大明使者面前，暹罗王赶紧表示谢罪。可等郑和一走，他该干吗又继续干吗了。

一次不奏效，就来第二次。郑和第三次下西洋时，再次警告暹罗不得欺凌满剌加。暹罗王还是那句老话，表示谢罪。

大明为何如此扶持满剌加？并不是暹罗挑战大明的威严，不给明成祖面子，而是大国既负有道义上的责任，亦有大国的利益，并且国家利益比帝王威严更重要。选择支持满剌加，完全是大明基于特定时期地区局势做出的决定，更是大国的战略眼光。

郑和对满剌加的关注，由来已久。关注的焦点，就是今天的马六甲海峡。这是从南洋到印度洋的交通孔道，既是交通枢纽，也是交通要冲，更是名副其实的战略要地，到几百年后的今天仍然是这样。

马六甲海峡的东北是满剌加，西南即是苏门答腊岛。明初的苏门答腊岛，本为三佛齐国。明洪武三年（1370年），三佛齐接受大明敕封。可惜，三佛齐国南面有更强的爪哇国。成为大明藩属国后不久，三佛齐国即被强大的邻居爪哇国给灭了。

苏门答腊岛很大，爪哇又出现内乱，尽管灭了三佛齐，却无法控制三佛齐全境，其中的旧港一带，即被华人陈祖义、梁道明拥有。郑和首下西洋时，遭遇两次军事冲突，即发生在旧港与爪哇。爪哇国名义下的苏门答腊岛，秩序是相当混乱的。

满剌加国王拜里迷苏剌，正是当年三佛齐国的一位王子。约在明洪武二十四年（1391年），拜里迷苏剌起兵抗击爪哇占领者，失败后逃到了淡马锡（今新加坡境内）。其时的淡马锡为暹罗国所有，拜里迷苏剌又与当地人发生冲突，结果被暹罗国驱赶到了满剌加。占下地盘，当上酋长，同时也与暹罗结下了恩怨。暹罗国跟满剌加老是过不去，其实也是有历史渊源的。

苏门答腊岛算是满剌加的故国，岛上的海外贸易比较繁荣，与满剌加又形成直接的竞争。拜里迷苏剌想恢复故国，但心有余而力不足，更何况身后还有个暹罗。

拜里迷苏剌是相当明智的，有时被对岸抢了生意，也只派出武装船只去游荡一圈，吓唬吓唬外国商船。拜里迷苏剌也很诚信，靠这个声誉为满剌加赢来了海外生意，也在郑和第一次下西洋时被郑和看中。而这时的拜里迷苏剌，无非只是一个酋长。郑和第二次下西洋时，谴责完暹罗发兵抢夺大明赐给满剌加国的印诰，即赶到满剌加为拜里迷苏剌举行封王仪式。这一招，大明既支持了满剌加，也扼制了暹罗与爪哇，使地区间各势力趋于平衡与稳定。

永乐三年（1405年），满剌加遣使向大明表示，愿意等同大明的列郡，把每年向大明进贡作为满剌加的职责。同时，请求封其国境的西山为一国之镇。明成祖欣然同意，特"谕礼部臣曰：'先王封山川，奠疆域，分宝玉赐藩镇，所以宠异远人，示无外也。可封其国之西山为镇国之山，立碑其地'"。

为满剌加敕封山川，意味着满剌加在大明特有的地位，也意味着大明皇帝威伏天下。一系列的互动，满剌加成为大明国家战略的最大受益者，而且与大明实现了双赢。

随后，郑和在满剌加设立了"官厂"，其实就是远洋航行中的基地。船队的补给，船只的维护，财货钱粮的储藏，庞大官兵队伍的休整等，都在"官厂"进行。这种海外综合性基地，具有军事基地与商业基地的多重功能，当时的作用并不亚于旧港宣慰司。

郑和如此重视满剌加，其实也是在为明成祖下一盘很大的棋。

5. 死死盯住的一座岛

这盘棋的又一粒棋子，落在了苏门答剌国。

郑和是在建好满剌加基地后起航的，船队沿着马六甲海峡北岸航行，再向西即是苏门答腊岛北部。

苏门答腊岛与苏门答剌国，极易混淆。在这里，岛确很大，国则很小。苏门答腊岛是世界第六大岛屿，苏门答剌国仅为今苏门答腊岛东北岸的萨马朗加。

苏门答腊岛又叫小爪哇岛，威尼斯旅行家、商人马可·波罗（1254—1324年）曾在这里停留过五个月，称当时的小爪哇岛上有八个王国，还有"食人族"。一百多年后，郑和来到苏门答剌国，这里的情形仍很落后，居民差不多全住在海岸沿线，"男子头缠白布，腰围折布，妇女椎髻裸体，腰围色布手巾"。因为土地贫瘠，苏门答剌国民主要靠下海网鱼为生。最为寒酸的是，苏门答剌国民下海船只不过是一只"原生态"的"独木刳舟"，这几乎就是中国春秋战国时期的技术水平。

在世界航海家的眼中，苏门答剌国通常被视为东洋与西洋的分界点，太平洋与印度洋分界处，苏门答剌国又有了"西洋要会""西洋之总路"之称。马欢《纪行诗》曰："苏门答剌持中流，海舶番商经此聚。"西洋各国的船只进入东洋，必须经过苏门答剌国，并且要在这里做较长时间的停留，因为古代航海需要依赖季风。在苏门答剌等到了合适的季风，才好顺利地进入东洋或西洋。

苏门答剌国与中国的交往，至少可以上溯到元代。苏门答剌国在元朝称为"须文达那国"，明代改称苏门答剌国。洪武元年（1368年），苏门答剌国朝贡大明。明成祖即位后，苏门答剌国与大明的交往更加密切了。这时的南洋群岛上，爪哇国的势力最为强盛，周围的小国难免遭殃。爪哇国吞并小爪哇岛上的大国三佛齐后，苏门答剌国自然就开始紧张了。

两腿哆嗦的时刻，苏门答剌酋长宰奴里阿必丁，随即派遣使者前往大明寻求保护。永乐三年（1405年），明成祖封其酋长为国王，赐以印诰、采币、袭衣。爪哇国亦是大明的朝贡国，受到大明的保护，苏门答剌国算是解除了威胁。

但是，苏门答剌国实在多灾多难。爪哇国没有灭掉苏门答剌，另一个小国那孤儿国却给其带来了灭顶之灾。在与那孤儿国交战中，苏门答剌国王宰奴里阿必丁战死，权力落入苏干剌之手。永乐五年（1407年），王子锁丹罕阿必镇遣使阿里入贡大明。郑和此次前来，就是为了扶持内外交困的苏门答剌国。

在苏门答剌国，郑和举行了封王仪式，并率军清除了苏干剌势力。苏门答剌国局势稳定后，郑和像在满剌加一样，在苏门答剌设立了"官厂"。马六甲海峡两岸，基本上处于大明的掌控之中。

为了控制马六甲海峡，郑和在满剌加、苏门答剌费尽了周折。从战略层面上考虑，这些努力显然都是必须的。并且，没有任何捷径可走。

郑和处理好苏门答剌国的棘手难题后，前往了岛上一个更小的国家——南渤利。《瀛涯胜览》记载为南渤里，《西洋番国志》作南巫里，位于今印度尼西亚的亚齐。

明初的南渤利国，仅有千余户，规模只相当于大明的一个"乡"。这时的苏门答腊岛陷于分裂，大明不得不与岛上的诸小国一一直接打交道。事实上，即便是南渤利这样的小国，"居民二三十家，各自称为王"的现象仍然存在。郑和代表大明抚谕南渤利国，基于的就是苏门答腊岛的现状。

南渤利国出产降真香、珊瑚等宝物，但这些特产对大明来说并不具有太大的意义，临近大明的南洋地区同样出产。南渤利国的战略意义，也不尽于靠近马六海峡，属于东西洋交通的枢纽之地，海上丝绸之路要冲。

南渤利国的特别之处，在于这里是穆斯林集居地，从国王到平民皆信奉伊斯兰教。阿拉伯地区伊斯兰教向亚洲传播的前沿，即是苏门答腊岛的南渤利国。而伊斯兰教最早传入中国内地的路径，则是唐永徽二年（651年）波斯湾至南中国海的海上"香料之路"。

郑和出使南渤利国，意味着大明与伊斯兰教国家之间一度断绝的交往，将被重新激活。

6. 大明安全的第一个句号

但是，郑和首下西洋的终点，并没有选择阿拉伯地区，而是画在了古里。

"古里通西域，山青景色奇。路遗他不拾，家富自无欺。酋长施仁恕，人民重礼仪。将书夷俗事，风化得相宜。"

这首诗，出自郑和使团成员费信的笔下。另一位使团成员马欢笔记中，也有类似的记载。

古里国，位于印度半岛西端，即今印度西南部的科泽科德一带，为古代印度洋海上的交通要冲。历史上的印度，多数时期都不是一个统一的国家。这个出现于13世纪的古里国，宋代开始频频出现于中国古籍之中，中国与阿拉伯商人，在该地长期从事香料贸易。

"当巨海之要，与僧伽密迩，亦西潍诸番之马头也。"费信的《星槎胜览》，凝练地概括了"西洋大国"古里。明朝初期，大明数次遣使访问古里，古里国王亦数度遣使朝贡大明，贡献宝石、金腰带、珊瑚珠、胡椒等。

永乐五年（1407年）冬，郑和船队到达了古里。得知大明使团到来，古里国沙米地国王率领各大臣，在海岸边举行了盛大的欢迎仪式。郑和代表大明皇帝，赐给了沙米地国王诰命银印，赏赐了古里国各大臣品级冠带与礼物，告谕古里国臣民要恭顺天朝。郑和一行，在古里国受到了友好的接待。

"傍海为市，聚货通商"，古里国不仅占尽海上贸易的地利，也以盛产胡椒、龙涎香等而著名，纺织品印花被面、手巾等亦颇具特色。作为"西洋诸番之仓"的古里国，阿拉伯地区的手工艺品宝铁刀、拂郎双刃刀等，更是应有尽有。郑和在古里国，通过官方顺利进行了商业贸易。古里国国王手下的两个大头目沙班、沙孝祖，也成了大明敕封的"南京锦衣卫副千户"。

郑和船队在当地的贸易，皆由这两个大头目带领二头目、算手、中介人与大明朝官员当面议价，双方击掌定价，书写合约，各收一份。此后，无论货物价格升降，双方都信守合约。郑和船队售出的丝绸、瓷器等，采购的当地宝石、珍珠、珊瑚等，皆以古里国金币"法南"和银币"答儿"结算。

古里国的宗教更为复杂，佛教、印度教、伊斯兰教三教共存。古里国多数人信仰佛教，但又按照印度教的规则将人划分五等。《瀛涯胜览》称："（古里）国人内有五等：回回人、南昆人、哲地人、革令人、木瓜人。"

郑和第一次下西洋，目的地就是古里国，这里将急速地卷入风云变幻的国际局势。

在地理大发现时代，古里国的地理优越性并不输于葡萄牙，但是没有任何作为，最终成为一个多灾多难的国家，也是新时代输得最惨的国度。

1498年5月，瓦斯科·达·伽马带领一个葡萄牙贸易代表团在古里登陆，双方发生剧烈冲突。1502年2月12日，达·伽马率领二十艘军舰征服了古里，同时掠夺大量贵重商品。1664年，古里国联合荷兰人打败了葡萄牙人，从而摆脱了葡萄牙人的控制。但是，这也是英、法进入古里国的开始。1766年，古里国最后一代统治者在自己的宫殿内自杀。1792年，英国人赶走了迈索尔的统治者，从此开始直接统治科泽科德。中英鸦片战争的爆发，西方列强对中国的围堵，正是源于印度。

英国历史学家约翰·达尔文在《全球帝国史》中说："1405年帖木儿之死，是世界历史的一个转折点。"帖木儿建立的庞大帝国，曾经横跨整个中、西亚，巅峰时期囊括了从小亚细亚东部延伸至印度北部的广大疆域。帖木儿曾征服印度北部，进攻大明时意外去世，导致帝国土崩瓦解。古里国与大明国一样，亦因帖木儿帝国的意外衰亡，分享到了意外的好处。

世界的变化似乎是偶然的，但其变化对世界的进程却会产生必然的结果。游牧民族式的武功让位于定居文明的生产、贸易与文化发展，由西方引领的大航海与大发现时代，让全新的世界秩序的出现成为可能。

郑和船队第一次下西洋到达古里，恰恰处在这样的关节点。帖木儿帝国的衰亡既为西方进入东方腾出了空间，也为依赖海陆"丝绸之路"重新规范欧亚世界格局，制造了难得的历史机遇。这个意义上的郑和下西洋也是对历史机遇的主动作为，并且最大限度地抓住了机遇。倘若帖木儿针对大明的军事行动顺利付诸实践，以大明面向世界的战略眼光，帖木儿帝国与大明王朝很可能处于长期胶着状态，达·伽马的东进势必难以进行，全球的近现代化将很大程度上陷入不可知。

当然，这些都是一种假设。帖木儿帝国阴影的消失，郑和的古里之行，则因此在史册上留下了友好交往的色彩。面向世界的不同眼光，在全球地理大发现必然发生的背景下，大明避免了与古里国相同的命运。

古里国后来被葡萄牙揍得很惨，那还算幸运，毕竟没有遇上西班牙。由于与葡萄牙的势力划分，西班牙于16世纪来到了亚洲，不可避免地打起了大明的主意。曾征服北美哥斯达黎加的航海将领阿提达，给西班牙国王写信，说自己只需八十名士兵，就可以为西班牙征服中国。另一名曾参与征服北美的殖民者比亚斯，与阿提达玩起了"竞争"，说自己只需六十名士兵，就可以将中国变成西班牙殖民地。

几十名士兵，填大明的牙缝都不够。不能睁眼看世界，世界超级大国同样也会犯低级错误。

这时候最清醒的是菲律宾总督拉维萨雷斯，他给西班牙国王报告，西班牙如果要征服中国，军队必须是比亚斯开价的一百倍——六千人。万历十四年（1586年），西班牙人在菲律宾举行"马尼拉会议"，正式"论证"征服中国的"课题"，结论上升为需要一万人，并且还要拉上葡萄牙、日本一起。

西班牙人将接收中国预案都准备好了，没想到"英西加莱海战"爆发了，自己的"无敌舰队"被英国人打得全军覆没。又是一场人算不如天算，其实，西班牙人真的与大明打起来，结局也不会太好。万历二十五年（1597年），大明进军朝鲜，将日本丰臣秀吉打得毙命就是最好的例证。在国际事务中主动作为，说明郑和下西洋近两百年后，大明仍具有战略眼光。

这是最难得的历史经验。作为国际间的超级大国，断断不能把国家安危寄托在某种偶然上。只有构筑庞大的安全同盟，才能防患于未然，选择郑和作为交往古里的使者，可见明成祖这位大国雄主的智慧于一斑。

大明与古里有着深厚的邦交，早在永乐元年（1403年）十月，明成祖即命中官尹庆奉诏抚谕古里，古里国酋长沙米地遂遣使臣随尹庆访问大明。永乐三年（1405年），明成祖封沙米地为古里国王。这一次郑和到来，沙米地国王率群臣在海岸边上举行了盛大的欢迎仪式，郑和郑重地宣读了明成祖的敕书，代表大明皇帝赐给沙米地国王诰命银印，并重赏群臣。沙米地国王回赠大明皇帝一条珍珠宝石金带，这条金带用金即达五十两。

郑和在印度半岛古里国，建立了大明船队的航海贸易基地。这既为大舷船队候风转航所必需，也使大明在西亚与南洋群岛、印度半岛之间的航线更为顺畅。

离开古里国前，郑和勒石树碑以作纪念。马欢《瀛涯胜览》载："永乐五年（1407年），朝廷命正使太监郑和……统领大舷宝船到彼，起建碑庭，立石云：'其国去中国十万余里，民物咸若，熙皞大同风俗，刻石于兹，永示万世。'"

所到之处，尽结友邦。到这个时候，郑和应该可以尽解出使前的疑惑：令明成祖夜不能寐的建文帝不在海外，即便深匿海外也不可能对皇权构成威胁；大明的万里海疆是安宁的，没有深怀敌意的庞大外部势力。这些海外诸番，可以与大明"共享太平之福"。终明一代，始终为"北虏南倭"问题所困。"北虏"，指的北方蒙古；"南倭"，指的东洋的日本。郑和出使的西洋实为南洋，恰恰没有倭寇。这是一个奇迹，也是一个谜。

永乐五年九月初二（1407年10月2日），郑和顺利完成首下西洋的使命回国。但是，这个世界从来就没有永恒的和平与安宁……

同道殊途

"大风起兮云飞扬,威加海内兮归故乡。"中国的历朝君主,都会以天朝大国自居,无论是秦皇,抑或汉武。汉高祖击筑高歌,雄心壮志依然是"海内"。但是,对中国来说,"海外"始终是一种客观存在。几千年里,中国人对海洋的探求与渴望,最终不得不止于敬畏,直到大明,因为郑和而梦想成真。

郑和首下西洋,结束了在占城的使命后,又急速赶往了爪哇,接着赶到了旧港。自爪哇国起程,顺风只需八昼夜。这是一个由北向南再由南向北的航程,在两地之间来回穿梭,郑和的目的都是一样的,并且神秘而重大。

1. 创业海外的中国人

旧港国,核心区在今印度尼西亚苏门答腊巨港。明初的旧港是一个小国,即中国明代以前古籍上的三佛齐国地区。

旧港东接爪哇国,西接满剌加国界,南踞大山,北临大海。爪哇是这里的地区大国,所以旧港国又为爪哇国所辖。这种国家间的关系显得有些乱,但相互间没有多大实质性的关系。其时现代意义上的"国家"概念尚未形成,只要把握好度,自己称王,不与宗主国闹翻就行。

旧港国确实是个好地方,马欢《瀛涯胜览》载:"(旧港)人甚富饶。地土甚肥,谚云'一季种谷,三季收稻',正此地也。"除了得天独厚的农业条件,旧港还出产黄速香、降真香、沉香、金银香、黄蜡等,这些珍稀香料为大明本土所缺。郑和出使西洋,带有宫廷采购的任务,旧港无疑是个很合适的目的地。

中国有句俗语，叫作"一方水土养一方人"，旧港国则是"一方水土养八方人"。这里地理位置优越，是海上的交通要道，来这里创业的中国人很多。尤其是元末社会动乱时，出于生存与安全的需要，大量广东、漳州、泉州人来到旧港。

元末明初，不仅是华人移民旧港的高潮，也给明初的中国带来不安定的因素。《明史》载：洪武三十年（1397年），"以胡惟庸作乱，三佛齐乃生间谍，给我使臣至彼。爪哇王闻之，遣人戒饬，礼送还朝，由是商旅阻遏，诸国之意不通"。

旧港国将大明使臣骗到旧港，后因爪哇国的介入又送还了使臣。旧港国与大明宰相胡惟庸案，关联度究竟高不高，这在永乐朝已经不是太重要，只是这一芥蒂，事实上造成了两国之间联系的中断。

"商旅阻遏"，影响并不仅见于大明与旧港之间，而是造成该处海道处于一种受梗状态。阿拉伯地区与南洋之间，穿越马六甲海峡必须经过旧港，海道受阻，又等于是世界级的问题。

这种海道受阻，对旧港国自身影响也很大。旧港国得益于交通便利，商业成分压过农耕。做生意赚钱比农耕来得容易，旧港国居民多好赌博，连乌龟都用来赌博钱物。如果没有参与海上贸易，这样的居民就谈不上富裕，他们居所普遍简陋。普通居民只在木筏上搭盖个"房子"，用桩缆拴系在岸，水涨则筏浮。如果觉得换个地方居住更合适，拔起缆绳这"房屋"也就迁移了。头面人物与富裕居民，才在岸地建造固定的住所。

长期的海外贸易传统，已塑造出旧港的地方风气。费信在旧港国纪行诗中写道，旧港"男儿多狠暴，女子甚哇媱"。

费信实际上是在提醒到旧港的人，到了这里千万别眼睛盯着女人看，时刻得提防这里的男人。老是觉得旧港女子活泼、可爱，是比较危险的一件事。旧港男人的"狠暴"，不是脾气问题，而是有原因的。在这里生存也是并不容易，利益越大，冲突就越多，旧港人多操习水战，动不动就与人玩命，也是环境逼出来的，有这等手段才能谋生。

华人能在这样的环境中立下脚跟，人多势众只是一个方面。公允地讲，到这里打天下的，靠的都是玩命斗狠，真正太厚道的人不是太多，胆大不怕事也混不出多大名堂的。

旧港与大明芥蒂颇深，那是明太祖时代的事。时过境迁，明成祖时代的旧港，较明太祖时代关系已经大为改善，旧港也是大明的朝贡国。加上华人数量上的优势，旧港受华夏文明的影响较为明显，市中交易使用中国铜钱，郑和一行在这里也没有语言上的障碍。只有土著的旧港人，才说爪哇语，保持与爪哇相同的习俗。

"五色珠、青白磁（瓷）器、铜鼎、五色布绢、色段、大小磁（瓷）器"等，在旧港都可以当钱使用。郑和在这里买到了本地出产的珍贵香料与珠宝，也有一些来自阿拉伯地区的番货。但是，千万不要忘了，郑和在旧港采购珍奇货物并不是真正的目的，蔡东藩《明史演义》中说郑和到旧港是为了糊差事乃纯属虚构，郑和至关重要的目的，是要为明成祖找人——建文帝朱允炆，或经由旧港到其他地方找朱允炆。毕竟，这是一个华人云集的地方。

但是，郑和在占城、爪哇没有找到，在旧港同样没有觅出线索。在当地华人中呼风唤雨的头领，确实来自大明，但名叫施进卿。

施进卿（1360—1423年），广东人。元明更替，全天下的人日子都不好过，施进卿打点行装，离开老家广东到了南洋旧港。

尽管有着得天独厚的天然条件，华人在旧港谋生，其实也有相当艰难的一面。与大陆谋生最大的不同，海洋谋生不必依赖土地，而是依靠贸易所带来的利差，获得海洋贸易控制权。与欧洲列强争霸全球一样，这些远离中国本土的华人，为了生存的需要，在海外都带有或浓或淡的海盗色彩。这一点，恰为中华传统所鄙视，又恰为他们生存所必需。

立足未稳的施进卿，在旧港投奔了广东老乡梁道明。在明初社会动荡与海禁施行的大背景下，梁道明离开了广东而谋生海外。洪武三十年（1397年），爪哇满者伯夷国王灭了三佛齐国。国中大乱，权力腾出了空间，梁道明抓住机遇，召集当地千余华人，成为三佛齐王，成功地与满者伯夷相对抗，垄断周边的海上贸易权。

梁道明的势力逐渐强大，十年间单是从广东渡海而来的华人即达数万，施进卿则成长为梁道明的副手。旧港扼守马六甲海峡的咽喉，梁道明因人数过万、战舰过百的实力，加上强大的中国背景，在与阿拉伯商人的竞争中，得以保持优势，通过控制马六甲海峡、爪哇岛航路，获得了巨大的经济利益。

永乐三年（1405年），明成祖派遣使者前来招安，这位使者恰是梁道明的同乡。梁道明是个明白人，欣然前往大明。梁道明此行，原本是与臣子郑伯可入朝进贡方物，但中国人是世界上最不愿意主动迁徙的民族，骨子里带有深重的故土情节。梁道明接受招安后，再也没有返回旧港，而是定居于广东老家。临时负责的副手施进卿，正式在旧港接替梁道明成为首领。

在地缘特殊的旧港，郑和的到来又会给施进卿带来怎样的机遇？

2. 大明王朝的海外飞地

处理纷繁复杂的地区矛盾，关键在于驾驭矛盾。作为大明船队的统帅，郑和是一个驾驭矛盾的高手。在华人、阿拉伯人与番国土著之间，郑和很自然地选择了华人作为依靠力量，以此作为解决旧港地区矛盾的抓手。

旧港的华人势力，其实很有几支，但郑和对施进卿格外倚重，内在的基础是客观形势下现实的需要，通过合作能够实现双方的"双赢"。

施进卿的出身并不高，多年的海外打拼，也学会了判断时局。旧港的核心利益来自海上贸易，吃"市场"这碗饭，首先要充分的占有"市场"。在新的势力介入旧港时，施进卿有强烈的机遇意识，而不是凭"海外番王"的感觉盲目自负。

施进卿不仅脑子好使，也有能耐。古代的航海，是建立在航海经验基础之上的技术活，施进卿对周边海域格外熟悉，航海技术相当精通。在郑和眼里，施进卿就是个难得的领导型与技术型人才。进入陌生领域，郑和迫切需要的正是这种复合型人才。

事实上，施进卿主导的旧港，又是实实在在的西洋番国。在郑和下西洋随行人员的记述中，旧港都被表述为"旧港国"，尽管旧港国已臣属于大明。郑和率船队来到旧港后，又出人意料地送给了施进卿一份"见面礼"：根据永乐皇帝的旨意，设立大明旧港宣慰司。由于旧港国国王梁道明居于大明本土，施进卿便是不二的旧港宣慰司使。

旧港国好歹是个国家，宣慰司只是国家的一部分，二者有明显的层次上的差异，但施进卿对旧港宣慰使一职欣然接受。

永乐五年（1407年），大明正式设立旧港宣慰司，辖区大约为今马来西亚、新加坡全部，以及印度尼西亚大部，泰国与菲律宾一部分。从这时起，控制南洋核心要冲地带的旧港，就成了大明最南端的海外飞地。

宣慰司是个什么性质的机构呢？这本是明代设立的一种土司，具有较高的地方自治性质，多于边远少数民族地区设置。大明本土的宣慰司级别高低不同，旧港宣慰司则是级别最高的土司。根据《明史·职官志》与《明史·外国》记载，宣慰司使为从三品，"旧港宣慰司，以（施）进卿为使，锡诰印及冠带"。宣慰司的主官是世袭的，主官的更替只需向朝廷备案。

以明代的史料看，旧港宣慰司与大明本土宣慰司并没有什么不同。设立旧港宣慰司，是不是大明的海外扩张行为呢？答案在郑和的具体行动上。

郑和借助施进卿的力量，设立旧港宣慰司，与葡萄牙、西班牙、英国等西方殖民者在海外的行为，有着本质上的区别。西方殖民者每到一地，都将其视为自己的领地，完全占有，甚至是杀戮。而郑和在旧港，仅仅是设立自己的远航基地。

建立这种基地，主要是为下西洋船队提供便利。郑和船队远距离航行，就地囤积船队中的货物，可以避免船队载重航行。除此之外，船队还需要就地补给。这一点，对郑和远洋船队来说至关重要，因为这关乎船上官兵的生命安全。哥伦布、麦哲伦的船队在远航中，都曾出现过水手牙齿流血而死的严重问题。麦哲伦的船员中，甚至有三分之二因此丧生。问题很严重，原因却很简单，船员长时间在海上航行，身体严重缺乏维生素，必然患上"坏血病"。

这种情形，在郑和船队中并未出现。郑和船队持续航行时，都携有足够的黄豆、绿豆。这些豆子，并不是炒着吃，图个方便，而是用以生产豆芽，解决下饭菜的同时，补充了人体必需的维生素。大国的智慧，有着丰富的经验细节。当然，这也是不得已而为之，能够在基地补充足够的蔬菜、水果，这才是最简单、有效的。

由于得到施进卿的支持，郑和在旧港的远航基地建设十分顺利。无论是设立旧港宣慰司，还是建立旧港基地，大明在这里都不是西方列强式的掠夺，而是为旧港带来空前的稳定与繁荣。

郑和船队未到旧港之前，各种势力胶着，利益之争互不相让，这里的秩序混乱，普通商船几乎不敢通行。郑和到来后，也没有费太多的周折，各种问题似乎迎刃而解，这就是大明的影响力。

《星槎胜览》载：对郑的船队"番人皆张目结舌，悉皆称赞天兵之力、之神，蛟龙走兔虎奔"。因为群龙无首，旧港地区才乱象丛生。郑和船队在旧港重点扼制的，是国际航道上的无序状态。从无序到有序，西洋番国从郑和这里切实享受到"天下太平之福"。最大的受益者，依然是施进卿。祖国的"威武之振"，让施进卿在复杂的地区竞争中感到了扬眉吐气，也找到了在旧港地区各种势力中胜出的机会。

审时度势的施进卿，以复杂的身份实现了自我保护：既是属地的王者，也是大明的官员，还"犹服属爪哇"以免惹上身边的虎狼。更重要的是，借助郑和下西洋，施进卿从不伦不类的海外移民成功逆袭，完成了自己身份的华丽转变。

施进卿与大明保持着良好的关系，定期向大明朝贡，有时派儿子，有时派女婿。郑和船队屡次顺利下西洋，也得益于施进卿经营的这块海外地盘。郑和与施进卿之间，实现了长期的合作共赢。

施进卿于永乐二十一年（1423年）去世，次年施进卿之子施济孙入朝，向大明呈报了父亲去世的消息，同时请求承袭宣慰使一职，朝廷"许之"。

永乐二十二年（1424年），郑和第六次下西洋，又专程来到了旧港。这一次，郑和的目的是宣布朝廷的诏命。但来到旧港，情形已出乎郑和的预料。

施进卿之女施二姐，能力远在施济孙之上。施进卿去世后，旧港的控制权为施二姐所掌控。郑和下西洋活动终结后，大明在海外的影响日渐衰落，旧港地区为爪哇国统一，施二姐成为爪哇的富商与华人领袖。

永乐时代，在旧港地区自立为王的并非梁道明、施进卿这一支。另一支实力强劲的地区势力，同样是一位华人。但是，他选择了一条与施进卿截然不同的道路。

3. 机会的窗口与枪口

这个华人，就是渤林邦国国王陈祖义。

陈祖义（？—1407年），祖籍广东潮州人。陈祖义阖家离开大明来到南洋，时间要比梁道明、施进卿略迟。马欢《瀛涯胜览》载："昔洪武年间，广东人陈祖义等全家逃于此处。"

陈祖义全家为什么要出逃大明呢？史料不足，也不太好理解。根据《明史·廖永忠传》的记载，洪武元年（1368年）二月，朱元璋命廖永忠等率军从海道入广东，与从湖南率军攻广西的杨部相互配合，战至七月，"两广悉平"。由此观之，陈祖义阖家离开广东的"洪武年间"，与稍早的梁道明、施进卿等离开广东时的战乱景象，已经大不相同。

在后世文人的演绎中，陈祖义离开家乡的原因被描述为"畏罪潜逃"。至于陈祖义身犯何罪，则没有确凿的史料记载。但明初沿海地区政策存有剧烈的波动，势必直接影响居民的生计。明太祖于洪武三年（1370年）"罢太仓黄渡市舶司"，洪武七年（1374年）撤销福建泉州、浙江明州、广东广州三市舶司，洪武十四年（1381年）"以倭寇仍不稍敛足迹，又下令禁濒海民私通海外诸国"，洪武二十三年（1390年）再次颁布"禁外藩交通令"，洪武二十七年（1394年），洪武三十年

(1397年)禁止中国人下海通番。洪武年间严行禁海,陈祖义违反的很可能就是大明"禁海令"。倘若真的如此,从违反朝廷禁令的角度理解,陈祖义确实是个"罪犯"。

野史称:明太祖曾悬赏白银五十万两,缉拿逃犯陈祖义。其实,这个说法相当离谱。五十万两白银,在明初完全是个天文数字,即便是罪大恶极的要犯,实质性地危及国家安全,朝廷也从未出过这样的"高价"。明代的史料中,根本没有悬赏缉拿陈祖义的记载,陈祖义也从未进入过明太祖的视野。

即便从朝廷律法的角度,认定陈祖义是洪武时期的罪犯,但在永乐时代,陈祖义的身份也早已成功"漂白"。《明成祖实录》载:永乐四年(1406年)七月,"旧港头目陈祖义遣子士良、梁道明遣侄观政及西干达哩耶回回哈直马合默等来朝,赐钞币有差"。

明实录的记载最具权威性,从这里可以看出,陈祖义曾与梁道明等朝贡大明,明朝廷已经认可了他是"旧港头目",并赐给了奖赏。如果陈祖义真的是朝廷罪犯,陈祖义岂不是将儿子陈士良送入虎口?野史的记载,在正史面前显然是不能成立的,并且有点滑稽。

但是,这些并不代表陈祖义在海外干的是正经营生。费信《星槎胜览》载:"海寇陈祖义等聚三佛齐国,抄掠番商。"马欢《瀛涯胜览》载:"(陈祖义)甚是豪横,凡有经过客人船只,辄便劫夺财物。"

凭借勇武过人的优势,陈祖义的"主业"是做海盗,并且不做"小本生意"。陈祖义盘踞马六甲十余年,鼎盛时人手过万,战船近百,跃居同时期全球"海盗榜"的榜首。

当海盗虽然挣钱,但风险很大,真有钱了,谁也不想过这种生活。陈祖义海上漂荡的生活,直到其来到三佛齐的渤林邦国,才开始安定下来。

渤林邦国的位置,也在今印度尼西亚苏门答腊岛的巨港,与施进卿的势力范围比较接近。为了家人的衣食,也为了改变自己的处境,陈祖义跟着国王麻那者巫里做起了海盗。

国王也做海盗？没有错，这位国王身兼海盗首领！

当然，这只是措辞的感情色彩问题。渤林邦国扼守马六甲海峡，海上贸易利润的高低，取决于垄断能力与程度的高低。缺少现代贸易法则，丛林法则凭的是刀棒。交通要道上国家化的海盗，渤林邦国的性质就是拦路收钱。

天生"豪横"，精通航海技术，自然是渤林邦国的稀缺人才，陈祖义因此成为国王麻那者巫里手下的大将。凭这等天赋起家的陈祖义，接着又撞上了好机会：国王麻那者巫里去世，这个小国群龙无首。凭借拳头说话，陈祖义自立为王，成了渤林邦国国王。

成王败寇，封建帝王莫不如此。色彩斑斓的陈祖义，这时同样已经华丽转身。并且，干得比麻那者巫里更加有声有色：渤林邦国成为地区霸主，周边的小国向其纳贡称臣。

很难找到渤林邦国的文明开化史实，从国王麻那者巫里招纳陈祖义，到陈祖义自立为渤林邦国国王，渤林邦国的收入来源都包括打劫过往船只，甚至一些弱小国家的"保护费（朝贡）"。

郑和船队的到来，本是陈祖义彻底"洗白"的机遇——与他的同乡施进卿走上相同的道路，巩固其来之不易的"海外番王"地位。

郑和船队到达旧港后，重点放在了施进卿这里，对渤林邦国国王陈祖义，仅"遣人招谕之"。虽然不受重视，但陈祖义的态度竟相当不错，重新向郑和表示归顺大明的愿望。

马六甲地区最大的不安定因素，源头即来自陈祖义，能有这样的结果，对郑和来说是相当理想的。"放下屠刀，立地成佛"，本是佛教的一个理念，倘若陈祖义就此改邪归正，于己有利，同样也实现了地区的和平。

郑和在陈祖义的问题上，没有过多较真。古代帆船航海，依赖的是季风与洋流，错过了这一次季风，很可能只有等待下一年的季风。因急于赶往其他国家去访问，郑和就这样离开了旧港。

离开旧港时的郑和，应该充满了自信。但等郑访问过诸国重新回到旧港时，一股愁云扑面而来。

《瀛涯胜览》载:"永乐五年(1407年),朝廷差太监郑和等统领西洋大宝船到此处。有施进卿者,亦广东人也,来报陈祖义凶横等情。"

施进卿报告给郑的"凶横等情",又是什么呢?费信《星槎胜览》载:"海寇陈祖义等聚三佛齐国,抄掠番商,亦来犯我舟师。"

原来,陈祖义仍旧在干老本行,竟然还要打劫郑和的船队!这条信息,完全出乎郑和的预料。

同样出乎郑和预料的,举报者竟是施进卿。《明史·三佛齐传》载:"祖义亦广东人……五年,郑和自西洋还,遣人诏谕之。祖义诈降,潜谋邀劫。有施进卿者,告于(郑)和。"

同是广东老乡,一同在苏门答腊岛"创业",施进卿为何要举报陈祖义呢?这就叫竞争。

哲学意义上的观点,是有联系即有矛盾。吃的是同一碗饭,总量只有那么多,你多必我少。假郑和之手消灭对手,施进卿不举报陈祖义,那就有点傻了。

偏偏陈祖义就是个傻子。郑和下西洋兼行对海外华人招抚的使命,按照明成祖的旨意,海外逃民"若仍恃险远,执迷不悛,则命将发兵,悉行剿戮"。陈祖义已经华丽转身,不仅不是海外逃民,而且成了海外番王。一个头领的愚蠢,就是拿花招当智慧,活生生地把机会的窗口变成死亡的枪口。

事实上施进卿并没有诬陷陈祖义。郑和船上的无数金银财宝,带给了陈祖义无尽的想象。郑和船队离开旧港后,陈祖义开始盘算如何将这些财富收入自己的囊中。

强龙压不过地头蛇,郑和与陈祖义之间无可避免的一战,将会出现怎样的结局?

4. 狂妄只是一股烟

永乐五年（1407年），在陈祖义的期待中，郑和回航来到了旧港。

陈祖义又给郑和送了一个"见面礼"：陈祖义亲自面见郑和，表达自己对大明的归顺和对国使的尊重。连连声称，愿随郑和到大明朝贡，接受朝廷的封赏。

劫掠的业务，陈祖义是很精通的。大明的舟师接近三万，自己的水兵只有五千，鸡蛋碰石头的事不能干。陈祖义与大小头目商议出劫掠郑和船队的预案，是麻痹郑和，趁郑和舟师航途劳顿之际，在其毫无防备时发动突袭。并且，将时间选择在夜间，打劫的目标只锁定郑和的货船，以自己局部的优势赢得一战，抢了就跑。至于跑到哪，反正航线熟。

作战预案本身没有多大问题，战争史上倒有不少成功的战例。况且，在陈祖义的眼里，大明舟师也就是河塘之师的水平。

但是，陈祖义忽略了致命的一点：旧港还有施进卿。施进卿与陈祖义既有正邪之分，也是直接的竞争对手，铁心帮起忙来，足够陈祖义喝一壶。陈祖义的诈降计谋，施进卿已经告诉了郑和，押在诈降上的特效明显失效，而大明舟师的实力，又岂是普通小国的水准？

陈祖义的心态也是狂妄，对郑和的军事素养，又定格在了一个太监的水平上，将大明使团与大明舟师，近乎混为一谈。

郑和下西洋的团队，其实文职人员很少，职业军人的军事素质更是远远超出陈祖义的想象。据《瀛涯胜览》记载：郑和船队军事护航人员，有都指挥、指挥、千户、百户、旗校、勇士、力士、军力、余丁等各级武装人员，可直接投入作战的不少于两万，职责就是负责沿途与航行的安全，抵御敌对武装和海盗的侵袭。

大明舟师中，实际担任军事指挥的有都指挥二员、指挥九十三员、千户一百四十员、百户一百零三员。都指挥与指挥，都是大明的高级将领，并且有着丰富的实战经验。按《明史》"职官志"的记载，一个指挥使统兵数为五千，郑和船队的战列组织，统领五十万大军也是没有问题的。官将所统兵员减少，是因为兵员更为精干。

战略上藐视，战术上重视，陈祖义也算不愚蠢，他派人给郑和船队送去了补给，顺便打探了郑和舟师的布置。

对郑和来说，阻止陈祖义的劫掠是很容易的。吓唬一声，陈祖义说不定就醒过来了，会跑得比兔子都快。

但对本性难移的陈祖义来说，驱赶已经不是个办法。教化需要用到感化，不能感化，就只能肃清。

真的下决心彻底解决陈祖义，事实上也有些技术上的难题。首先是不能主动打，你一打他就跑，他跑了你就没办法追。其次，倘若陈祖义真的来了，一次除恶未尽，他肯定还是跑，依旧没法追。

郑和与副手王景弘以及军事将领商量的对策，是将船队保持正常的队形，一字排开停靠在海口，给人随时上岸做生意的感觉。陈祖义选择天黑，郑和也希望天黑，并且命令舟师熄灯，你看不见我，我看不见你。

双方都期待天黑，夜幕究竟对谁有利呢？陈祖义靠摸索出的经验，大明舟师靠的是专业化训练。

大明舟师的通讯联络，早就是统一而有效的。郑和船队出航之前，又有专业的强化训练。《西洋记》称载：郑和船队"昼行认旗帜，夜行认灯笼，务在前后相继，左右相挽，不致疏虞"。《筹海图编》称，舟师"昼者麾旗为号"，郑和船队是有旗语的。《殊域周咨录》载：船队"通舡以红布为幔，五色旗帜，大小凡二十条"。将船只装扮得五彩缤纷，不是图好看，而是图好使，"外行看热闹，内行看门道"，说的就是这个道理。

夜间作战，更是大明舟师的强项。明军关于水军的训练，可以参阅专业"教科书"《纪效新书》："遇夜洋行船"，"各船以灯火为号，中军船放起火三枝""悬灯一盏","各船以营为辨,前营船悬灯二盏平列;左营悬灯二盏,各桅一盏;右营大、小桅各悬灯二盏平列,后营悬灯二盏,一高一低"。遇到急事,则"看中军旗五方高竖灯五盏,是欲设疑以见船多之意,每船后尾上立灯,左、右一盏,前桅上加灯二盏"。"遇夜泊,船听中军船招艌喇叭响,各船依序随艅安插,不许私求稳便远泊,因而疏虑。"

一会儿亮灯,一会儿鸣喇叭,不是照明,也不是奏迎宾曲。郑和舟师夜间作战,采用的是完善的声光指挥系统,官兵个个都能明白。陈祖义这方面太业余,即使看到听到了郑和的指挥命令,压根儿也不明白,对方下一步将对自己采取什么行动。

夜幕降临,唯有涛声。一方押宝诈降,一方严阵以待。夜色掩护下的郑和舟师,战船迅速组成口袋阵。

满怀激动的心情,陈祖义率手下五千余众,分乘十七艘战船,就这样进入了大明舟师的伏击圈,并且直奔白天侦察好的货船。

一场海上大战如期展开。但是,双方你死我活的厮杀场面并没有出现。剧烈的爆炸声中,陈祖义的队伍很快只剩下三个人。

郑和将陈祖义的队伍从五千打成三个人,《明史·郑和传》只用了四个字"大败其众"。豪横的陈祖义为什么不经打呢?陈祖义的队伍使用的是标枪、砍刀之类的冷兵器,连弓、弩这样的远程攻击的武器都没有,但他平时攻击的是平民与商队,"专业"对"业余","豪横"也是相对的。

郑和手下的水师,本来就是大明的精锐部队,跟陈祖义的队伍比,同样也是"专业"对"业余"。武器装备上,除了各种冷兵器,还有非常规的"核武器"——火器。"二炮"部队——神机营,郑和暂时还没有。大明的火器部队,正式设置于永乐八年(1410年)。

受晚清兵勇拿大刀、长矛对抗西方列强坚船利炮的影响,多数人对明代火器的发达认识不足,以为明代肯定不如清代。其实历史的发展是曲折的,明初的火器即达到相当高的水平。朱元璋决战陈友谅,沐英平定云南,都曾使用火器。明初史料上的"火器""火攻",根本就不是柴火上浇油"放火"。

从明代《武备志》《火龙神器阵法》等史料的记载与出土的明初文物来看,郑和舟师配备的火器相当齐全先进,主要是远程射击与短距离燃烧这两类。

远程射击的火器是铳与炮。铳在民间又被称作"土枪",但民间"土枪"的性能远不及官军的火铳。明代的铳、炮区分不严格,通常以大小及形状称作盏口铳或碗口铳炮。小型碗口铳长约31.5至52厘米,口径10厘米左右,重约8.35至26.5公斤;大型碗口铳炮长约63厘米,口径约23厘米,重约73.5公斤。郑和船队的战船上,每艘配有手铳40—60把,中型铳炮4—10座,大型铳炮2—4座。铳的有效射程在180米,炮的有效射程在500米,并且士兵训练有素。

燃烧性的火器更丰富。主要有火药箭、火枪、火球、火蒺藜、铁嘴火鹞、烟球,以及"没奈何"等。这类火器,相当于投掷性的手榴弹、燃烧弹。火器取名"没奈何"显得有点幽默,但其性能则让敌人一点都笑不起来。"没奈何"的性能是燃烧、爆炸,制作上是先把火药、弹珠固定在芦席里,卷成七尺左右长的圆筒,外面糊上纸或布,再装上引信。使用时将"没奈何"绑在长竿上,吊挂于船的头桅,靠近敌船时,点燃引信,斩断悬索,让"没奈何"落入敌船燃爆。

郑和率领的水师,有着完备的声光指挥系统与手段,白天黑夜差别不大。而陈祖义指挥手下,夜间只能靠吼。选择黑灯瞎火的夜间作战,陈祖义原本指望的是偷袭,但情报早为郑和获悉。当陈祖义认为自己接近偷袭目标时,恰是自己进入了明军的包围圈。

称明军的火器为"核武器",似乎有点夸张。这些铳炮,确实比较笨重,射程也不太远,杀伤力也不是太强,最要命的是重新填充弹药很费时,在与北方游牧民族的骑兵作战时,明军很少使用。但装配在郑和的船队上打陈祖义,威力就显得十分可怕。

陈祖义的船只共有十七艘,进入明军铳炮的有效射程,郑和一声令下,陈祖义的五千人顿时尝到了"天打雷劈"的滋味。

没错,天打雷劈!对于这些横行海上的人来说,看过天打雷劈情形的不少,挨上天打雷劈还是第一遭。尤其是夜晚,这就是十足的恐怖。

一波接一波的轰击,除了陈祖义,这几千人连郑和长什么样都没看见,自己就已经没了踪影。

陈祖义的十七艘船,一下子被烧毁了十艘。海上作战,船没了,人也就没了,至少不再具有战斗力。

剩下的七艘船,离郑和船队有点远,挨炮的机会少了不少,至少没接到"没奈何",但也起火了。这些船上的人,胆小的早吓瘫了,胆大的想砍人,刀枪的长度又不够。最要命的是,这船一起火,等于给对方照明靶子,明军弓箭手的精准"服务"及时到位。

长期航行海上,数万明军承受着极大的心理压力。陈祖义带着五千人,算是来给明军解闷了。郑和舟师围上失去战斗力的七艘船,官兵们跳上船奋力砍杀,残敌要么身首异处,要么跳进大海。

没有身首异处也没有跳进大海的,一共有三个人:一个是陈祖义,一个叫金志名,另一个未见其姓名,因为他不是首领。

除了这三个人,明军还缴获了两颗印,大约是渤林邦国的"公章"和陈祖义"国王"的"闲章"。陈祖义对自己的"国家"大事,也是时刻关心,念念不忘的。

陈祖义的狂妄,就这么化作了一股云烟。

至于那七艘起火的船只,还是明军帮灭的。自己放火自己灭,大明舟师官兵这活干得比打仗还要累,因为郑和要拿这些船当战利品。

陈祖义失败了,幸运的是没有死,但肯定很麻烦。更麻烦的则是郑和,处理陈祖义实在有点棘手,因为他毕竟是"国王"啊!

郑和将活捉的渤林邦国王交给了明成祖。在京城,明成祖举行了盛大的欢迎仪式。不过,这既不是欢迎陈祖义,也不是欢迎郑和,而是隆重迎接随郑和一道到达大明的苏门答剌、古里、满剌加(今马来西亚马六甲)、小葛兰(今印度奎隆)、阿鲁(今苏门答腊岛中西部)等一批西洋各国的使者。

招待外宾,观看演出是少不了的。明成祖安排的这个节目,出乎所有外宾的预料：杀人！

被杀者，渤林邦国国王陈祖义也。

对摛获陈祖义的郑和及大明官兵，明成祖给予了重重的奖赏。明成祖高兴的不是他们抓到了高规格的敌酋，而是肃清了海道，同时为海外番国送去了福音。看看西洋番国使者听闻陈祖义死讯时的高兴劲，也就什么都明白了。

5. 百味杂陈的榴梿

著名明史专家吴晗，曾以这样一段文字终结其著作《郑和下西洋》："从欧洲人到东方来占领殖民地以后，中国的形势就改变了。经过清朝几百年，特别是鸦片战争以后，许多帝国主义国家从几个方面包围中国：印度被英国占领了，缅甸被英国占领了，越南被法国占领了，菲律宾先被西班牙占领，后又被美国占领了，东方的日本走上了资本主义道路，向外进行侵略扩张活动。所以近百年的中国，四面被资本主义国家和帝国主义国家所包围，再加上清朝政府的日益腐败，就使中国逐步变成了半殖民地、半封建的国家，进入了半封建、半殖民地的社会。"

由明至清，几百年间的中国天翻地覆。郑和"敷宣教化"的心血，是不是尽皆付诸东流呢？没有，一句老生常谈的旧话，郑和像是永远活在西洋人民的心里。在这些西洋故国，有关郑和下西洋的传说与遗存甚多：

泰国：郑和被尊为"三宝佛公"，旧皇都大城府帕南车寺是当地佛教信徒膜拜郑和的地方，存有与郑和有关的大城府三宝公庙、吞府三宝公庙（弥陀寺）、北柳三宝公佛寺等；

印度尼西亚：存有与郑和有关的三宝垄三保庙、雅加达三保水厨庙、井里汶三保庙、泗水三保庙、泗水郑和清真寺等；

马来西亚：存有与郑和有关的马六甲宝山亭、登嘉楼三保公庙、槟城三保庙、沙劳越义文宫三保庙、吉隆坡三宝庙等；

菲律宾：存有与郑和有关的苏禄白本头庙等；

柬埔寨：存有与郑和有关的磅湛市三保公庙等。

诸多郑和的传说与遗存，其实并无多少史实的支撑。马六甲海里有一种"三宝公鱼"，鱼身两侧的奇异斑纹据说源自郑和的掌印。马六甲地区传说，宝山亭是郑和所建，亭内的三宝井也是郑和留下来的取水井。实际上，马六甲宝山亭是由华社领袖甲必丹蔡士章所建。"甲必丹"是荷兰语的音译，意为"首领"。葡萄牙、荷兰殖民者在殖民地推行侨领制度，任命甲必丹协助殖民政府处理侨民事务。

马来西亚古典名著《马来纪年》记载：明朝的汉丽宝公主，乘坐郑和下西洋的豪华宝船来到马六甲，嫁给了苏丹曼速沙，马六甲市民倾城而出，观看这史无前例的婚庆盛典。苏丹曼速沙划出一座小山，给汉丽宝建宫殿。这座山取名"三保山"，三保即郑和。

汉丽宝公主与苏丹曼速沙育有两子。野心家沙穆尔既垂涎汉丽宝公主的美貌，也垂涎苏丹曼速沙的权杖，率兵突袭王宫。汉丽宝公主为保护苏丹曼速沙，以身挡剑，光荣牺牲。这位汉丽宝公主，被视为马六甲土生华人（娘惹族群）的祖先。

《马来纪年》成书于明末（约在1612年），有点类似明代的《三国演义》，取材历史实为文学。明代史籍上，找不到公主和亲东南亚记录，最关键的是《马来纪年》叙事存有硬伤：汉丽宝公主远嫁马六甲是1459年，这时的郑和已经去世二十多年。这些，只能归于故事或传说。

饶有风趣的是，马来西亚民间传说榴梿也与郑和有关。

据说郑和到爪哇时，曾爬到树上去摘榴梿，榴梿果刺十分坚硬，刺伤了郑和的手指。郑和十分恼怒，将榴梿果剖开，撒了一泡尿。从此，榴梿便变得臭不可当。另一个版本则称，郑和曾在一棵树下解手，后来那棵树便结出榴梿。

南洋一带还传说，当地土人间疾病流行，请教于郑和，郑和教以榴梿果治之，果然灵验。据传，榴梿也由郑和命名——榴梿者，流连也，华侨食之，可对祖国流连忘返。

其他版本，不一而足。

郑和下西洋，确实见到了这种大明罕见的热带水果。准确的地点，是苏门答剌国。

马欢《瀛涯胜览》载："有一等臭果，番名赌尔焉，如中国水鸡头样，长八九寸皮，生尖刺，熟则五六瓣裂开，若烂牛肉之臭。内有栗子大酥白肉十四五块，甚甜美可食。其中更皆有子，炒而食之，其味如栗。"

费信《星槎胜览》载："有一等果皮若荔枝，如瓜大，未剖之时，甚如烂蒜之臭，剖开取囊，如酥油美香。"

巩珍《西洋番国志》载："又有一种臭果，番名都尔乌，状如鸡头，长八九寸，皮生尖刺。及熟有瓣裂开，气如臭牛肉。内有肉十四五块，大如栗，其白如酥，甜美可食。肉中有子，炒食如栗。"

马欢、费信和巩珍，都曾随郑和出使的西洋。他们的记述中，郑和见到的榴梿，当时被称作"赌尔焉"或"都尔乌"，都属于马来语的音译。现代汉语中"榴梿"一词，则是清末根据英语音译的写法，民国时期才被媒体普及，郑和根本就不可能听过"榴梿"二字。并且，从马欢等三人的文字中，同样也看不出"榴梿"与郑和有什么关系。

杨文瑛《暹罗杂记》云："大抵凡事物之不明其理者，不曰三保公所教，则称三保公所为，敬信之深，于此可见矣。"

为什么美好的事件都归于郑和呢？因为有许多不美好的事情在其后发生。

哥伦布、达·伽马和麦哲伦是划时代的历史人物，也是西方殖民者的先驱。葡萄牙、西班牙、荷兰及英国殖民者，在东南亚殖民地的统治充满血腥。马六甲人将葡萄牙殖民者与龟龙、黑虎列为"三害"。菲律宾在马克坦岛对立了巨大纪念民族英雄拉普拉普的纪念碑，在这里，拉普拉普杀死了残忍暴虐、贪得无厌的侵略者麦哲伦。

郑和船队，只有郑和船队，才是真正传播大国文明的队伍。"榴梿"，只是郑和留在历史中的某种余味。

6. 女人与海

郑和下西洋给海外民众带来的福音，还包括远洋船队中的女人。

在中国古代的航海传统中，对女性登船是十分忌讳的。古人认为女人身上阴气太重，让她们上船很不吉利。这种禁忌并非仅见于中国，西方较之中国甚至更为明显。16世纪的丹麦法律即明文规定："国王严禁女人和猪登上军舰，一旦发现，犯禁者立即开除。"

女性登船的禁忌，与其说是迷信，不如说是"科学"。航海是人与自然的搏击，在大自然面前，女人不具备男人生理上的优势，参与航海自然不符合人力资源的集约化。更为严重的是，航海船队中的女性极易诱发现实中的风险。

水天之间长时间的航海，人的精神几乎要被推至崩溃的边缘，意志薄弱者本难胜任。在高度寂寞的航程中，女性的存在会形成强烈的性诱惑，男性船员很可能冲破法律与道德的底线，劫掠女性满足个人的性需求。这类情况一旦发生，轻则导致船员群体动乱，重则可能给船队带来灭顶之灾。

郑和下西洋船队中为什么要带女人呢？因为这个船队太庞大，持续航行时间又太长，一次远航最少也得两年的时间，必须历经春夏秋冬四季。这支近三万人的队伍，衣物损耗很正常，单是鞋袜即应有三十万双，加上衣服、被服等生活用品，没有几只船根本载不了。考虑到舟师官兵登陆作战等因素，实际需求量可能更大。而沿途西洋诸国，生产力本来就很落后，生产能力明显不足，沿途就地补给很不现实。官兵衣物消耗大，易损坏，必须携带相关女性，及时缝补和制作衣衫鞋袜等。

郑和船队中的女人，多是裁缝，并且都是些上了年纪的老婆婆，属于年轻船员的母亲、祖母辈，女性在船队中可能诱发的风险由此大大降低。

郑和船队中还有两名特殊的女性：稳婆。

稳婆是旧时的职业女性，也是"专业技术"人员，俗称接生婆。西洋诸多番国，不仅经济落后，医学技术更显得原始，甚至不懂接生技术。婴儿出生，一些土著人甚至用锐利的石片割断脐带，死于难产或产后感染的母婴，在这些番国相当常见。跟随郑和下西洋的稳婆，实践经验丰富，既帮助土著人接生，还为他们传授接生技术。她们与船队中的职业医生一起，在西洋番国设帐施诊，传播了中国先进的医术，也促进了当地的文明开化，更是一项深得人心的惠民工程。

郑和船队中的女性随员，官方史料中并无记载，主要来源是郑和下西洋沿途国家的民间传说，以及后世文人的相关整理，但绝非子虚乌有。中国传统观念中，男尊女卑的现象十分突出，加之女性多缺少文化，没有人为她们树碑立传，史料无载也属正常。

而随郑和下西洋的男性医士，史料记载则较为清晰，这是男性主导下的正常社会现象。

匡愚（约1380—1460年），字希颜，常熟人。匡愚出生于中医世家，是常熟惠民药局的医官，明永乐三年（1405年），郑和第一次出使西洋时，匡愚被朝廷征召，成为郑和船队中的随行医生。匡愚还于永乐五年（1407年）和七年（1409年），随郑和参加了第二、第三次下西洋。明弘治本《常熟县志》载："匡愚，出身世代医家，善医术，征随中使郑和三使西洋，其道大鸣。"晚年，匡愚将下西洋的所见所闻，著成了《华夷胜览》。

明朝的惠民药局，是太医院的下属机构。地方惠民药局是公益性的官方机构，其主要职能是为平民诊病卖药，掌管一地的贮备药物、调制成药等事务，向贫病者提供医药服务，疫情发生时组织防疫或免费提供药物。《明史·职官志》载："洪武三年（1370年）置惠民药局，府设提领，州、县设医官。凡军民之贫病者给予医药。"永乐四年（1406年），明成祖"命礼部申明惠民药局者今有实惠，勿徒有文具而已"。根据州、县人口的多寡，配有医官和医士，匡愚就是这样的医官。

郑和船队中，有这样的医官、医士一百八十名。这些医护人员，平时为船队的人员提供医疗服务，到达番国后即为地方平民服务。惠民药局本来就是公益性的医疗机构，擅长为平民提供医药服务，在海外开展公益医疗服务也非常便利。

郑和船队中的医官陈良绍，则是太医院的御医。陈良绍的岳父韩公达是太医院医官，被遴选为下西洋医官后，因年老体弱转而推荐了自己的女婿。据《陈良绍墓志铭》记载：陈良绍，苏州人，其高祖陈天佑、曾祖陈原善都是地方医官。陈良绍"性坦夷，不为外物累，世其家学。尝从翰林典籍同轩梁先生游戏，攻于诗，平居所著有《清赏集》"，"永乐中应荐使海外诸国"。陈良绍是一位儒雅之士，博学多才，更是一位医术高明的杏林高手。

随郑和下西洋的一百八十名医官、医士，事迹可考的尚有多人。《嘉兴府志》载："陈以诚，善诗画，尤精于医。永乐间，应选隶太医院，累从中使郑和往西洋诸国，归擢院判。"《江南府志》载："彭正，太平府人，永乐间以良医再使西洋。"《松江府志》载："陈常，上海人，世业儒，（陈）常传外氏邵艾庵医，即有名。永乐十五年（1417年），遣使下西洋，常以医士从，历洪熙、宣德间，凡三往返。恭勤厚懿，上官皆器重之。"《赤松丹房记》载：吴仲德，华亭人，中医世家，"永乐五年（1407年），以名医征隶太医院，达官贵人，以及闾阎士庶，求治病者，往往著奇效，尝三次从诸太监往西洋爪哇、柯枝、锡兰、阿丹等国，经历海洋，往回数万里"。郁震，太仓人，曾以医官身份三次跟随郑和下西洋，有"砭（针灸）焫（灸艾）妙术"，因功勋卓著，"授苏州医学正科赐三品"。

这些散见于地方文献的下西洋医官、医士，在当时皆被奉为"良医""名医"，没有一个等闲之辈。

从这些零星的史料中还可以看出，郑和下西洋船队中的医官、医士，来自不同的层面，不同的地区，术业各有专攻，能够最大限度地满足下西洋人员的需要，对海外番国可能出现的疾病，也足以做出有效的处置。

《瀛洲胜览》载："苏门答剌国，其国四时气候不齐，朝热如夏，暮寒如秋，五月七月间有瘴气。"《星槎胜览》载："古里地闷国，气候朝热暮寒，凡其商舶染病，十死八九，盖其地多瘴气。""商舶到彼，多由妇女到船交易，人多染疾病，十死八九，盖其地瘴气和淫秽之故也。"

瘴气，是高温湿热气候下的热带传染病，多为现代医学中的疟疾、斑疹、伤寒、霍乱、天花等。随郑和下西洋的医官、医士，基本上都是南方人，擅长热带传染病的医治。

从跟随郑和下西洋的马欢、费信和巩珍撰写的笔记中可以看出，这些医官、医士在海外开展的医疗活动，既包括为当地百姓施药治病，还包括当地卫生状况及流行病的调查，以及异邦药材的采购，从而带来中医、中药的新发展。匡愚将西洋特产犀角、羚羊、阿魏、丁香、乳香、没药、血竭等，充实为中医药材。李时珍《本草纲目》中收录的"西洋"药材占城稻、番爪、巴旦杏、波罗蜜、五敛子、乌木、木棉、番木鳖、蠵龟等，即是对郑和下西洋成果的吸收。

清人陈伦炯《南洋记》载："暹罗（泰国）番病，每向三保（郑和）求药，无以济施，药投之溪，令其入浴，至今唐人尚以浴溪浇水为治疴。"明代中国与东南亚文明水准上的巨大差距，使郑和下西洋传播的文明，很难在这些国家找到记载，大多成为民间神话与传说。郑和船队传授当地人拔火罐治病的传说流传于阿丹（今也门），稳婆教授当地人接生则流传于爪哇（今印度尼西亚）。

自刘家港（江苏太仓）出发，经福建—占城—爪哇—旧港（今苏门答腊岛）—南渤利（今苏门答腊班达亚齐）—锡兰（今斯里兰卡）—古里（今印度科泽科德），历时两年多，永乐五年（1407年）九月，郑和完成了第一次远航回到了京城。遍历西洋，郑和船队给西洋诸国传递文明。但是，这种文明的传播即便充满了公益与无偿的色彩，在西洋诸国同样会遇到不可预料的挑战。

卓越答卷

郑和首下西洋顺利归航的消息，早早通过驿站传送到了明成祖的手上。对郑和下西洋的成果，明成祖更是早已悉知。郑和的队伍尚在南京郊外，明成祖即派人前来"劳军"。

明成祖希望郑和带回的是建文帝，现在带回的却是渤林邦国国王陈祖义，根本不是一码事，明成祖心情愉悦个啥？大国雄主之乐不在后宫密闱，而是江山永固、四海升平。当着各国使者的面，将陈祖义斩首示众，明成祖唱的是哪一出？

大国是有底线的，既制定规则也维护规则，任何挑战者都必须惩戒。陈祖义尽管有着番国"国王"头衔，其实是个大明的逃犯。其罪也不尽在其劫杀大明官兵，他破坏的实乃地区和平，这样的人就是罪不容诛。这个解释，自然得到了各国使者的认同。

但是，劫杀郑和船队的，挑战大明底线的，陈祖义并非是第一个，也绝非最后一个，明成祖与郑和又将如何破解这些顶级难题？

1. 大明的底气与底线

郑和下西洋过程中，向大明船队打响第一枪的，其实是爪哇国。

爪哇国本是爪哇岛上的一个大国，但大国的内部分裂史上是屡见不鲜的。大明立国之时，爪哇国已分裂为东西两部，分别由东王勿院劳网结和西王勿劳波务统治。

爪哇东番王与西番王，对大明是持友好态度的。洪武十年（1377年），爪哇东西王皆遣使朝贡大明。此后大明内部出现了纷争，出现了王位的更迭，但并不影响国与国之间的关系。

永乐四年（1406年），明成祖正在欢度春节，爪哇东西二王的使者接踵而至。正月十二日，爪哇西王都马板遣使来大明朝贡了珍珠、珊瑚、空青等物；正月二十九日，东王孛令达哈亦遣使来大明贡马。两人前脚接后脚都往大明跑，像是一种巧合，其实是一种竞争。爪哇东西二王之间的关系是你死我活，都需要获得大明的支持，无论是物质还是道义上的。

爪哇东西二王之间的冲突很快升级，永乐四年（1406年）六月底，郑和船队由占城抵达爪哇时，正赶上爪哇西王与东王大打出手。战争的结果，是东王战败被杀，西王都马板吞并了东王的属地。

对爪哇国内部的事务，大明历来就不予干预。但大明舟师的到来，引起了爪哇西王的警觉。

问题出在郑和船队的登陆地点。郑和舟师登岸的地方，原是爪哇东王的属地，爪哇西王误以为这是东王的援军。

兵贵神速，西王的军队对郑和舟师发起了闪击。措手不及之下，一百七十余名大明官军被对方杀害。

本是一支和平之师，竟然遭到无端攻击，郑和感到十分震怒。

更为震怒的是郑和手下的官兵，远航千里来到海外这么一个破地方，还是来给他们送援助的，最多只是抓大明国逃到这里的坏人，怎么可以恩将仇报，无缘无故杀了我们这么多兄弟呢？尤其那些军官们，很多都是久经沙场的，恶仗打过无数次，从没打过这么窝囊的。脸上被抹黑，简直气不打一处来，一定要把那个不知天高地厚的西王送上西天，否则也太损大明的国威了。

这些军官，相当一部分都是大明军队的高级将领。据《郑和家谱》与《瀛涯胜览》的记载，都指挥、指挥这样的高级将领即达九十五员。郑和给他们下达的命令，是调集部队，随时准备作战。

真的准备讨伐爪哇西王啦？郑和的命令是，先做好自卫准备。西王的部队是土著人，所谓无知者无畏，他们刚刚"大获全胜"，赢了是会上瘾的，说不定还要来打第二次。

更关键的是要保护好船只。刚才为西王士兵所杀的，主要是上岸搬运货物的勤务人员。西王士兵没有攻打停在岸边的大明船只，万一攻上这些船只，那就坏了。这上面的东西不仅值钱，而且必须万无一失——除了贵重的黄金、白银，就是赠送给各国的珍贵礼品，尤其是朝廷的诏书和赐给国王们的印玺，弄丢了一件，没办法就地加工。中国有句古话，叫作"不怕贼偷，就怕贼惦记"，郑和船队的船只本身也是十分昂贵的，不是岛国部队使用的木筏子，被人视作财富那是相当正常的事。

郑和率领的这支下西洋船队，计有各种船只二百零八艘，其中大、中型宝船有六十三艘，战船一百余艘，水船、粮船四十余艘。据《明史·郑和传》、马欢《瀛涯胜览》的记载，有学者推算，郑和宝船的排水量为30000吨，比中国建造的第一艘远洋货轮"东风号"大，比中国拥有的第一艘航母"辽宁舰"小。根据史料与出土文物，专家复原出的郑和宝船，排水量约为22848吨，载重量应在9824—14000吨。以郑和舟师的技术装备与官兵战斗力，给予爪哇西王以毁灭性的打击，几乎没有什么悬念。况且，有来无往非礼也，大明舟师的任何自卫行动都是正义的。

2. 国王的王冠也可以买

但是，郑和始终没有下达进攻的命令。

《孙子兵法》的最高境界，是"不战而屈人之兵"。不战，不是士兵放假，而是作战人员闲得慌，非作战人员忙得慌。

官兵们群情鼎沸之际，郑和开始冷静下来。横躺在异国他乡冰冷的尸体，这些牺牲的大明士兵，郑和感到了他们的伟大。在生命受到威胁时，自卫举动是人的本能反应，但这些接受过严格军规训练的大明军人，没有动手还击爪哇士兵，坚持以服从命令为天职，而自己确实没有下达自卫的命令。

整个大明使团中，自己的使命远远超过这些可敬的士兵。郑和自己的使命是什么呢？国家利益至上。远涉重洋扬国威，不是四处开打，而是谋求四海安宁，让大明获得和谐的周边环境。《皇明祖训》中，爪哇属于"不征诸夷国"。报仇雪恨较之于国家利益，较之于明成祖托付的下西洋使命，明显都是微不足道的。

开战的结果无非"胜""败"。"败"字不必言说，"胜"则与"败"并无二致：大明消灭爪哇的信息传至周边国家，"仁义之师"就成了"虎狼之师"，自己出使西洋的结果，就完全与朝廷的旨意背道而驰了。

力排众议，郑和选择了"交涉"。

这是一个寻常不过的外交辞令。但交涉不是寻常的争吵，也不是日常的聊天，这是以智慧为内核的技术活，需要把对方从妄想状态拉回理性，将自己的理念与主张植入对方的神经中枢。

郑和派人与西王交涉，西王瞬间懂了。

西王都马板至少是个明白人，否则他的地盘很可能就是东王的，自己也没机会与大明的使者坐在一起。

越是明白，就越有恐惧感，西王都马板得知自己士兵杀的是大明军人后，简直有点不相信。大明，这要灭自己还不是捏死一只蚂蚁？

况且，大明刚刚捏死一只"老虎"。这只老虎，就是安南。

吓得懵懵懂懂的爪哇西王，赶紧道歉，要找郑和解释、请罪。

这回爪哇西王又显得很精明——他自己不去，选派了使者。万一人家在气头上，把自己当场捏死了呢？

西王使者见到郑和，复读机似的念叨：误会，误会，误会……

确实是误会。郑和的外事活动继续进行，但大明使团遭到劫杀事关重大，必须火速禀报朝廷。

西王都马板听到这个结果，这心一下子又悬了。倘若大明朝廷又出来个新意见，这爪哇国说不定又完了。爪哇西王找来亚烈加思，让他立即备船，连夜到大明去谢罪。

郑和的奏章比亚烈加思的船快，明成祖让亚烈加思传话给都马板：你与东王皆受朝廷封爵，却呈凶贪，擅自灭掉东王而据其地，违天逆命莫过于此！你与东王争战，我使者百七十余人遭此荼毒，你等何辜连累朝廷？

亚烈加思同样打开了复读机：误会，误会，误会……

明成祖追问道：百七十余人死于无辜，难道就这么算了吗？

亚烈加思一个劲地点头：那是，那是！

爪哇国杀死一个人，要赔偿一个金币。亚烈加思心想，这下一百七十多个金币算是没了。

明成祖说：念你们尚能悔过，主动来朝廷请罪，姑且止兵不进，保全你们土地人民。为偿死者之命，且赎尔等之罪，立赔黄金六万两，否则问罪之师迟早将至！

六万两？并且还是黄金！亚烈加思张开的嘴，怎么也合不起来了。

现在，爪哇国唯一需要做的，就是筹钱。但整整筹了两年，爪哇西王也只凑出了黄金一万两。这倒不是他办事不卖力，而是即使将爪哇国卖了，也卖不到黄金六万两啊！

巨额赔款赔不上，爪哇西王只好派使者带着一万两黄金，硬着头皮踏上了大明的土地。这一回，明成祖竟没有大发脾气，而是和蔼地对爪哇国使者说：筹不出来，早在意料之中。大明不缺这点金子，要你们赔偿，是让你们明白自己的罪过，规矩行事，不能干不计后果的蠢事。

随心所欲的爪哇王，从此自觉地年年向大明进贡，华人在爪哇国的生活也更融洽，南洋地区也变得和谐。

更重要的是，尽管有着大明这个强大的邻居存在，爪哇王可以把心搁在肚里安心地生活，并继续做他的国王。

另一位番王，就没有爪哇王这么幸运了，并且更是自找的。

3. 雁过拔毛的国王

锡兰山国是印度洋海上的一个古国，位于今斯里兰卡岛。

费信《星槎胜览》载："其国地广人稠，货物各聚，亚于爪哇。国有高山，参天之耸。"锡兰山国又称狮子国，这名字听起来比较猛。事实上，锡兰山国也确实喜欢干些弱肉强食的事情。并且，它要张开狮子大嘴还挺容易——锡兰山国处于印度洋要冲，远航船队不经过这里都不行。

郑和第一次下西洋时，诸多番国都向郑和诉苦，说这锡兰山国有点不像话，经常干出拦路抢劫的勾当，官方贡使船队要抢，民间商船更是无可奈何。并且，这还不是锡兰山国海盗干的，而是国王阿烈苦奈儿的行为。

国家行为应该好解决，郑和首次来到锡兰山国时，特意指出了国王阿烈苦奈儿存在的问题。如此劫掠过往国家的船只，这不是国王该干的事情。

阿烈苦奈儿国王一听，居然勃然大怒：靠山吃山，靠海吃海，既然路过锡兰山国，就该给锡兰山国留下买路之财！

在阿烈苦奈儿的眼里，这劫掠过往船只，跟收取过桥过路费一样天经地义。

锡兰山曾是释迦牟尼佛传道之地，佛教在印度衰落后，这里的佛教色彩依旧极浓厚，民众的信仰多是佛教，锡兰山也因此被人传为释迦牟尼的出生地。即便有着这样的社会氛围，阿烈苦奈儿国王却奉祀邪教，不敬佛法，亵慢佛牙。这位信仰怪异的国王暴虐凶悖，对外是个地区霸王，对内也不体恤民情，根本就不关心民众的疾苦，平民生活十分艰苦。马欢在《瀛涯胜览》中，对锡兰山国周边状态做了细节上的记载："彼处之人巢居穴处，男女赤体，皆无寸丝，如兽畜之形。"

颇为吸引眼球的异域风情，真的置身其中绝对是苦不堪言，这样的地区"领导"，一般也不好意思在国际社会出头露脸。以脸皮取胜的国王阿烈苦奈儿，郑和感觉到相当不靠谱。在郑和好言规劝其改邪归正时，阿烈苦奈儿顿时露出敌意，怒斥郑和冒犯主人，暗示将对郑和采取蛮横措施。郑和没有感化阿烈苦奈儿国王，出于安全的考虑，郑和便率船队离开了锡兰山国。

这个国王的存在，是各国海洋运输的巨大麻烦，也是地区最大的不安定因素。阿烈苦奈儿即锡兰史书上的布瓦内喀巴虎五世，明洪武初年（约1371—1372年）继位，后来被其弟武力篡夺，阿烈苦奈儿便逃到了国外。明建文元年（1399年），阿烈苦奈儿趁着国内发生内乱，赶回国内将王位又夺了回来。

当时的斯里兰卡岛上，并没有形成统一的国家，各种宗教在这里冲突激烈。阿烈苦奈儿重登王位后，又成功地打败了泰米尔人，其军事实力在南亚地区堪称第一。崇尚武力与暴力，也就顺理成章地成为阿烈苦奈儿的"信仰"。

锡兰山国激烈动荡之际，也正是明朝立国、经历内乱最终走向崛起的时代。两国都为自己的事情忙得不可开交，元代建立起的两国之间的交往，在明初完全中断了。信息的不对称，使锡兰山国忽视了大明的存在，永乐三年（1405年），一群来锡兰山献香火于佛齿圣坛的中国佛教徒，遭到了阿烈苦奈儿的虐待。雁过拔毛，阿烈苦奈儿治下的锡兰山养成了这个脾气。

弘扬佛法，这在锡兰山有着深厚的民众基础，也可能是改善大明与该国关系的一个"抓手"。永乐七年（1409年）二月，郑和第二次下西洋。这一次，郑和船队的主要任务是送西洋诸国使者返回。途经锡兰山国，郑和还有一个重要使命，就是为明成祖迎回"佛牙"。

释迦牟尼佛涅槃后曾留下四颗佛牙舍利，其中一颗于唐德宗年间移奉中国，自南陈时起这颗佛牙即被视为中国正统皇权的象征，佛牙祭祀成为皇帝的专利，地位相当于"传国玉玺"。据传明时世间仅存有两颗佛牙，其中一颗即供奉于锡兰山国。明成祖的皇位民间普遍认为是"篡夺"于侄儿，迎回这颗佛牙有利于证明皇位的正统，对平息民间的不满有着非凡的意义。这种做法，亦为前代帝王所使用。

在锡兰山寺,郑和举行了声势浩大的佛事活动。郑和率信徒前往锡兰山寺拜佛,参加佛事活动的有各国商贾以及众多远道而来的善男信女,锡兰山国的信众更是人山人海。隆重的布施结束后,郑和于二月初一在锡兰山寺树立了《布施锡兰山佛寺碑》。这块本树立在锡兰山寺中的布施碑,至今仍保存在斯里兰卡科伦坡博物馆。

据《布施锡兰山佛寺碑》记载:"(郑和使团)总计布施锡兰山立佛立寺供养金一千钱,银五千钱,各色纻丝五十匹,各色绢五十匹,织金纻丝宝幡四对(纳红二对,黄一对,青一对)。古铜香炉五个,戗金座全古铜花瓶五对,戗金座全黄铜烛台五对,戗金座全黄铜灯盏五个,戗金座全朱红漆戗金香盒五个,金莲花六对,香油二千五百斤,蜡烛一十对,檀香一十炷。"

普济众生是佛家信仰的应有之义,郑和一行在锡兰山国期间,还以大明先进的医术为当地人治病。大明船队上的随行医生,还手把手地教当地人刮痧术等。深受恩惠的锡兰山人,由此对大明国充满了感恩。

但是,郑和的慷慨施舍,却勾起了国王阿烈苦奈儿更为强烈的欲望。

4. 挑战者的下场

永乐七年(1409年),郑和船队第三次来到锡兰山。这一次,与其说是郑和来到锡兰山,还不说是锡兰山国王等到了郑和。

在阿烈苦奈儿国王的眼里,郑和就是个大金主,世界各地义务撒钱。郑和船队金银财宝不计其数,不捞白不捞,自己平日把过往的小国船只勒索个遍,也不如让郑和当一次冤大头啊!

郑和此行的目的,恰是要解决因锡兰山干扰造成通往远方西洋诸国航路不畅的问题。此外,还有一项特殊的使命,就是迎请佛牙。两件都不是平凡小事,大明对锡兰山的赏赐，较之于郑和此行的其他诸国亦更为丰厚。

阿烈苦奈儿国王仍旧很牛，大明使者到来，他没有像占城诸国王那样，到港口或海边迎取诏书，只派了个使者前去告诉郑和，自己要在王城宴请大明使者。盘算已久的阿烈苦奈儿国王，这次下定了出手的决心，要为郑和摆一出鸿门宴，关起门来狠狠拔毛。

锡兰山国的王城，距郑和靠岸的海边有二十余里，郑和将船队交给了王景弘，自己带领两千名士兵，前往王城会见阿烈苦奈儿国王。

郑和到了王城，阿烈苦奈儿竟不露面，只让其子纳颜出面接待。礼节且不说，这刚一见面，纳颜便向郑和索要财宝。郑和见过无数外交场面，这么直奔主题的还是第一遭。

如此敲诈一个天朝大国，郑和义正词严地予以拒绝。纳颜倒也不绕弯子，直截了当地亮出底牌：经过锡兰山的船队，至少得缴纳十分之一。否则，连人带船扣作人质。

这哪是国家啊，分明是海盗！郑和拂袖而去，召集随行的官兵返回船队。

但是，大明的官兵回不去了。道路已经被堆积如山的树木阻断，根本没办法再回去。这下郑和明白了，阿烈苦奈儿国王不露面，不是摆谱，也不是闲着，而是悄悄在忙活下套子。就在纳颜陪同郑和时，阿烈苦奈儿国王亲自指挥人破坏道路。郑和如果不交钱，就不能让他回去。

大明舟师有两万余众，如果王景弘率兵前来讨伐怎么办？没关系，阿烈苦奈儿国王已暗地派出大军，准备适时攻打大明舟师。按照阿烈苦奈儿的盘算，郑和已是瓮中之鳖，大明船队上的财物，等会儿就要自动进入自己的腰包。

锡兰山国虽是个地区军事大国，兵力实只有区区五万余众。两军对垒，军力对比接近2∶1，大明舟师占不上什么优势，并且与陈祖义交战时的火力优势也难以发挥，更何况现在郑和的队伍又被困在了山间。

遭遇突如其来的困境，必须反过来控制局面，而不能被困局所牵制。郑和果然是个久经沙场的军事家，孤立无援的危急关头，郑和想到的不是突围。擒贼先擒王，进攻是最好的防守，郑和果断下令攻打王城。

这一招，大大出乎阿烈苦奈儿的预料之外：自己的五万大军，差不多全派去抢船队了，留下镇守王城的兵力真的不多，明军具有压倒性优势，阿烈苦奈儿国王想了这么多天，居然把郑和的这一招给漏了。

阿烈苦奈儿一边组织兵力守城，一边传令让大军回来解围。可惜的是，山间道路被破坏得实在彻底，大明官兵走不了，锡兰山国的官兵同样走不成。这锡兰山国的人办事，看来还有挺实诚的一面。

折腾来折腾去，锡兰山国的大军好不容易赶回自己的王城，时间已经不是一般的迟了，郑和早已指挥大明官兵攻下了王城，阿烈苦奈儿国王与家属，以及国中的诸位大臣，全都成为郑和的俘虏。

现在，戏剧性的情景是：郑和率大明官兵守锡兰山国的王城，锡兰山国的官兵攻自己的王城，有点游戏被"盗号"的感觉。

锡兰山国的官兵比较晕，脸上流的不知是泪还是汗，朝着自家的王城，不能不攻，又不能猛攻。国王都在人家手里，万一有个闪失，立功事小，自寻死路就太不划算了。

双方相互对峙了六天，郑和的这种斗智斗勇也是够悬的。双方的兵力差距很大，郑和手上唯一的王牌就是人质。靠人质取胜，在中国历史上成功的概率历来很小，项羽拿刘邦的父亲当人质，刘邦反而将人质变成了项羽的负担；后来瓦剌也先拿明英宗当人质，没料到人质贬值，军队更是被于谦打得稀里哗啦。好在锡兰山国的官员政治智慧比较有限，双方僵持中没有意外发生。

但是，再笨的学生琢磨久了，难题也可能做出来。夜长梦多，郑和再一次大胆决策，带着国王阿烈苦奈儿，打开城门果断突围。

锡兰山国的大军果然很敬业，跟在郑和的队伍后面拼命追。但是，还是没能脑筋急转弯，既不敢追得太近，又不敢放得太远，眼睁睁看着国王被人押着跑。傍晚时分，郑和率众安全回到了船队。锡兰山国国王、王后及一群高官，就这么登上了郑和的宝船。

云开雾散，一片光明。不过，这缕五彩之光，是那颗尊贵的佛牙呈现的。郑和在锡兰山国不仅化险为夷，还成功地请回了大明尊崇的佛牙。这颗佛牙礼请至舟师时，"灵异非常，光彩照曜"。

在数万锡兰山国官兵的"注目礼"中，郑和下令舟师起航，离开了锡兰山国，顺利返回了大明。

又是一个轰动性的"国际新闻"。这个被俘获的国王，也能花一万两黄金买回王冠吗？

不可以！大明的下西洋之举，远非经济利益的考虑。明成祖听完事情的经过，还没来得及反应，下面的朝臣就嚷嚷开了：这样的混账国王，应该处死！

明成祖不是没怒气，而是压着火没发怒。《太宗实录》载："上曰：'蛮夷禽兽耳，不足深诛。'至是赦之亦遣归。"

明成祖权衡再三，觉得还是不杀掉阿烈苦奈儿为宜。但也没有像对爪哇王那样，让他交一笔巨额罚金，回去还当他的国王，继续为害一方。不可救药，就无须下药，阿烈苦奈儿是本性难移的，这是他与爪哇王的本质不同，也是"过失"与"故意"的区别。大明是有底线的，处事也是讲原则的。

明成祖命礼部商议，礼部官员酝酿的意见是，应该择锡兰山国贤者立为王，以承国祀。

国与国之间的矛盾，不是出气一时爽，而是要着眼于长远，获取国家的根本利益。锡兰山国如果群龙无首，势必陷入长期的内乱，给地区局势带来负面影响。根据被俘的锡兰山大臣的举荐，锡兰国一个名叫"耶巴乃那"的贵族，被指定继承王位。第二年，明成祖将阿烈苦奈儿等送回锡兰山，同时册封耶巴乃那为锡兰山国王。

从此，锡兰山国对大明恭顺了。更难得的是，印度洋上也少了一个海上霸王，连接亚非的"海上丝绸之路"显得顺畅起来。

5. 王后的昏招

风云变幻，始终是国际局势的显性特征，不会有什么一劳永逸。

永乐十一年（1413年）冬，郑和船队第四次扬帆远航。这是郑和下西洋记录中规模最大的一次。船队拟渡过印度洋，将大明帝国的影响力延伸至波斯湾或更广的区域。

这也是一次极富冒险性的远航，为了这次远航，郑和做了近两年的精心准备。准备工作如此细致而周到，南洋海岛至南印度一带在前三次远航中亦已完全贯通，郑和的这次阿拉伯之行应该风平浪静。但是，郑和船队到达苏门答剌时，预料之外的事还是发生了，并且双方剑拔弩张。

苏门答剌国在今苏门答腊岛北部，郑和已经来过三次，每一次都算得上顺利圆满——苏门答剌国与大明也是友好的。

第四次来到苏门答剌，郑和依例对国王开赏并准备开展贸易。但是，苏门答剌一下子出来了两位国王。

国王有两个，向大明使团提出的要求则只有一个：政治上承认，物质上赏赐。

大明对满剌加（马六甲）地区诸国的形势是基本清楚的，但没有料到会变得这么复杂，尤其是苏门答剌国。苏门答剌形势变化如此之大，如此之快，源于一个毫不起眼的小国那孤儿，它同样是大明的朝贡国。

马欢《瀛涯胜览》中记载了这个那孤儿国："那孤儿王，又名花面王。其地在苏门答剌西，地里之界相连，止是一大山村。但所管人民皆于面上刺三尖青花为号，所以称为花面王。地方不广，人民只有千余家，田少，人多以耕陆为生。米粮稀少，猪羊鸡鸭皆有。言语动静与苏门答剌国相同，土无出产，乃小国也。"

看不出那孤儿国有多强的实力，但那孤儿国王"花面王"却逞勇好斗。摊上这么一个邻居，苏门答剌国就倒霉了。

永乐五年（1407年），那孤儿进犯苏门答剌。为了捍卫领土与主权，苏门答剌王亲自率军抗击那孤儿国的入侵。这两个国家都算不上军事强国，相对来说，苏门答剌的军事实力还在那孤儿国之上。但是，战争中的偶然因素始终是不可忽视的，苏门答剌国遭遇对方"斩首行动"，国王不幸被对方的毒箭射中身亡。

遭遇敌方的"斩首行动"，苏门答剌军树倒猢狲散，国土也被那孤儿国占了一大片。

苏门答剌王死了，王子锁丹罕难阿必镇年幼，花面王给苏门答剌出了一个更大的难题。

大难当头，鼻子抽抽的苏门答剌王后，居然想出了一个昏招，或许也是绝招。《明史》记载："王妻号于众曰：'孰能为我报仇者，我以为夫，与共国事。'"

苏门答剌王后的"悬赏令"，极富诱惑力，就是谁帮我打败花面王，我就嫁给他。至于附加条件"与共国事"，显得有点歧义：如果人家做到了，娶了王后当老婆，是正式当国王，还是当苏门答剌国的临时负责人呢？

重赏之下，必有勇夫。《明史》载："有渔翁闻之，率国人往击，馘其王而还。"

这里的"馘"，指的就是渔翁成功地将花面王斩首。这位渔翁，应该不是凡人，不仅为王后复仇，还将那孤儿的军队赶出了苏门答剌领土。英雄不问出处，所谓的"渔翁"，无非是讲人家职业不太高雅，年龄有点大。

到了"合同"兑现的时刻，"我以为夫"当然就是王后嫁给渔翁，"与共国事"则成了让渔翁当上国王，实际上让渔翁当摄政王也成啊！妇道人家，政治智慧有点捉襟见肘。《明史》称这个"渔翁"，便是"老王"。

"新王"是谁呢？一时不好说。苏门答剌国的内部事务，大明是不予干预的。永乐七年（1409年），朝贡大明的苏门答剌国使者，其实就是老王派出的。明成祖对苏门答剌国王权的变化，给予了认可，同时对老王给予了优厚的赏赐。

渔翁老王在苏门答剌国的地位则很微妙，王子锁丹罕难阿必镇一天天在长大，又始终拥有王子身份，同时又有民心所向，以及父王旧部的支持。打鱼出身的老王，也谈不上太大的权谋。永乐十年（1412年），王子锁丹罕难阿必镇成功地号令军队，攻杀了渔翁老王，登上了王位。

这一下，老王的弟弟苏干剌就不干了。哥哥已经是苏门答剌国王，"兄终弟及"，老王死了，应该轮到自己当国王啊！况且，苏干剌手上也有一定的实力。

各说各的理，似乎都有理。锁丹罕难阿必镇在王城里当国王，苏干剌便在邻近的山上当国王，谁也不服谁，谁也搞不定对方，苏门答剌国就此一分为二。

永乐十三年（1415年），郑和第四次来到苏门答剌，面对的就是这个局面。锁丹罕难阿必镇与苏干剌，都宣称自己是苏门答剌国王。郑和应该代表大明，赏赐哪一方呢？

6. 正义的命题与答卷

郑和的赏赐行为，必须体现出大国的智慧，这就是既要维护国家的利益，又要彰显国际间的公平正义。任由苏门答剌国的分裂与内乱，满剌加（马六甲）地区失去秩序的话，受损的不仅是大明，国际社会都会深受其害。

郑和选择了支持锁丹罕难阿必镇，这也是基于当时国际社会广泛认同的王室血统。苏干剌之兄的国王地位，虽然取得过大明的承认，但并不是对苏干剌家族王室地位的认同。更何况那是在特殊情形下，渔翁老王挽救苏门答剌于危难之际，本质上是一种功勋行为，王室与之约定的止在"与共国事"。正常情况下，老王应该和平还政于旧王室，其弟苏干剌这个国王只能是"伪王"。王后当年的口头许诺，事实上并不严谨。这也不能怪人家，她真有较高的政治智慧，岂不自己当女王了吗？

苏门答剌的王位之争，有着一定的特殊性，也可有圆满的解决纷争的办法。在自身能力不及的情况下，苏干剌本可借助大国的斡旋，得到更为合理的解决，因为他们毕竟于国有功。但是，苏干剌毅然选择了极端。

郑和赏赐锁丹罕难阿必镇国王后，伪王苏干剌坐不住了，率领手下一万余人拦截并攻击大明舟师。

斡旋的余地都没有，郑和面对的选项只剩下一个：应战。

苏干剌的兵力，本来就不在锁丹罕难阿必镇之上。仅有孤胆的英雄，必定是失败的英雄。大明军队与苏门答剌军联手，苏干剌的军队被迅速消灭。苏干剌大败而逃，郑和率舟师乘胜追击，在南渤利（今印度尼西亚苏门答腊岛业齐河下游），郑和将苏干剌及其妻子一举俘获。

苏门答剌的内乱就此平息，与大明的关系步入新轨。郑和在苏门答剌国建立起贸易、交通中转站，然后将苏干剌押解至大明。

永乐十三年（1415年）夏，郑和率船队返回南京。对带回的这样一个异国伪王应该如何处置？兵部尚书方宾认为，苏干剌的行为属于大逆不道，宜付法司正其罪，明成祖遂命刑部议罪。

大逆不道，乃十恶之首。八月十二日完成献俘仪式后不久，明成祖下令将苏干剌处决。

郑和七下西洋，时间长达二十九年。航行中遭遇或介入的军事冲突，计有四次，一次发生在今斯里兰卡，一次发生在今印度尼西亚，两次发生在今马来西亚。这些地区，全部是海上交通的咽喉要道，特殊的地理位置，巨大的利益驱使，诱发出各种势力在这里交锋。郑和下西洋的意义，显然超出了宣扬大明国威，既包括了大国自身利益的维护，也涉及地区和平的主导。

四次军事冲突，更全部发生在下西洋的前期。作为世界的超级大国，大明以正义之师的形象，担负起了大国的责任，肃清了海道，将世界纳入了秩序的轨道，让人类从丛林法则迈向了文明，让天下共享太平之福。

挑起四次军事冲突的，都是些良莠不齐的各色"番王"。但大明对这些"挑战者"，处置方法迥然相异：或经济制裁，或赶其下台，或置之于死地。

不同的处置，体现的是"原则"。爪哇国西王都马板对大明舟师的攻击，完全是出于信息的误判，通过惩戒足以达到目的，和平解决意味着双赢。锡兰山国王阿烈苦奈儿，则是明目张胆的劫夺，以其经历也看不出还有悔改的可能。但他是以掠夺财富为目的的，还毕竟是个王者，以大明处理宗室的原则，这样无道的王者应该削为庶民。

渤林邦国国王陈祖义与苏门答剌伪王苏干剌，其共同的结局更显得意味深长。无论是大明子民还是海外番民，恶意的对抗就是挑战大明的底线。郑和舟师守住这条底线，并交出了一份超级答卷，使大明王朝主导的世界秩序——天下"共享太平之福"成为现实。

苏门答剌国作为世界新秩序的直接受益者，其王室更以感恩的心态修好于大明，几乎每年都派遣使者朝贡。在明代的史料中，这种记录至少保持了七十年。

大国远交

现代意义上国家间的外交，有着血盟、传统友好合作、伙伴、睦邻友好、单纯建交等不同级别区分，体现出两国之间关系的亲疏。外交官员的级别，则是两国关系重要性的直接反映。中外交往史上，汉、隋、唐、宋、元时期外国使团的来华记录，使者的最高级别仅为王子。创下外国元首访华记录的，独有大明王朝，并且全部出现于郑和下西洋之后。

更有一些外国元首，最终长眠于中华大地，两国间的关系也呈现出"血盟级"色彩。郑和下西洋的外交成就，为中外交往史仅有。

1. 首位访华的外国元首

明代别国国家元首来华访问多达八次，计有四个国家的九位国王。第一个来到大明的，是浡泥国国王麻那惹加那乃，他也是中国古代历史上第一位来中国访问的外国元首。

浡泥，又名婆利、渤尼、悖尼、大泥等，即今加里曼丹岛北部的文莱达鲁萨兰国，是当时东、西洋海上交通的枢纽。早在西汉时期，浡泥国即与中国交往。郑和第一次下西洋时即访问了浡泥国，并封前国王世子麻那惹加那乃为浡泥国王，授予印符、诰命。

正式成为大明的藩属国，对浡泥国来说意义重大。浡泥国是东南亚的海岛小国，以盛产龙脑香著名，自然资源也算丰富，但国家太小，立足困难，历史上多次沦为暹罗、爪哇（阇婆国）的附属国。特别是邻近的苏禄国（今菲律宾苏禄群岛），隔三岔五就要去抢一回，并且还不"挑食"——"子女玉帛尽为所掠"。这个浡泥国，从老百姓到国王，过的都不是人过的日子。

明初，大明曾派使节与浡泥国联系。不讲理的地方来了讲理的，这不是桩好事吗？但浡泥国国王顾虑重重。洪武三年（1370年），明太祖派监察御史张敬之、福建行省都事沈秩前往浡泥国，登位不久的浡泥国王马合谟沙满是戒备，委婉地对沈秩说：我们太穷了，也拿不出什么奇珍宝物与大明交往。况且，现在苏禄国又时常侵扰，等个三年，我们国家安定了，再派使者到大明吧！

有苦难言，当个小番王真不容易。经沈秩反复劝说，马合谟沙国王终于答应派使者去大明。这一下，爪哇国就不干了。

爪哇国是南洋的大国，浡泥国有了大明这把"保护伞"，今后怎么对浡泥国下手呢？爪哇国闻讯，立马派人警告浡泥国：苏禄国欺负你们，我们给你帮忙。你们若归顺大明，遇上苏禄国来犯，难道还请大明来帮助吗？

浡泥国一听，"远水不解近渴"，还真是这么一个理啊！于是，浡泥国王"以疾而辞见"，装作天天生病不见好，让沈秩要见又见不着。沈秩见不到马合谟沙国王，便找到浡泥国的一位大臣，摸出了浡泥国王原来得的是个"心病"。沈秩让大臣转告国王：爪哇国自己都是大明的属国，你们就别听他吓唬吧！

马合谟沙国王这下子明白了，立即派出使者，带着龙脑香到了大明。

还是大明使者说得对，有了大明的支持，苏禄国收敛了，浡泥国开始安宁，正如后来浡泥国王向明成祖表达的那样：陛下赐以封爵，臣的国家从此风调雨顺，五谷丰登，草木鸟兽都繁衍得很快。

天气与动植物繁衍，怎么可能与外交存在必然的联系？但浡泥国王并没有说错，有着和谐的外部环境，肯定国泰民安；经济自然发展。否则，兵荒马乱，国王每天面临的都会是"狂风暴雨"！

浡泥国的外部环境，随着郑和下西洋的进行而不断改善。永乐五年（1407年）冬，郑和船队第二次出海远航。这一次远航的目的，是为了护送上次随船来大明朝贡的外国使臣回国，航程与首下西洋完全相同，沿途访问了暹罗、真腊、占城、爪哇、满剌加、南渤利、古里、柯枝、加异勒、甘巴里、阿拨把丹、小葛兰和浡泥等国。

郑和来到浡泥国，情形与当年沈秩一行来时已大不相同。建文四年（1402年），马合谟沙国王病逝，二十三岁的世子麻那惹加那乃次年继位，并取得了大明的认可。郑和代表大明，正式敕封麻那惹加那乃为浡泥国王，赐予印符。

麻那惹加那乃很年轻，见识也少，从郑和这里，他感到大明太神奇了。于是，决定跟随郑和的分艉船队到大明进贡，亲自把大明看个究竟。

麻那惹加那乃这一去，着实把大明国吓了一跳，一共来了一百五十余人！

永乐六年（1408年）八月二十日，麻那惹加那乃带王妃、子女、弟妹、陪臣等，远涉鲸波浩涛来到了中国福建。明成祖特派大臣赶往福建迎接，并让沿途府、县盛情接待。

麻那惹加那乃一行到了南京，明成祖亲自接见。在自己的宫殿接见外国元首，明成祖朱棣也是中国历史上的第一位这么做的帝王。

《明成祖实录》记载：麻那惹加那乃向明成祖"奉呈上金镂表文及贡龙脑、帽顶、腰带、片脑、鹤顶、玳瑁、犀角、龟筒、金银八宝器等"。浡泥王妃，也向大明皇后献上了珍贵的宝物。

明成祖命将浡泥国赠送的礼品陈列宫中，以示珍重。同时，"优待礼隆，赐予甚厚"，回赠了浡泥国王、王妃等冠带袭衣，其他来宾亦按等级给予了赏赐。《明成祖实录》载："（明成祖）赐浡泥国王仪仗、交椅、水缸、水盆，俱用银；伞、扇，俱用白罗；销金鞍马二，及赐金织文绮、纱罗、绫绢衣十袭。"

费信《星槎胜览》载：浡泥国"酋长之用，不敛民物，生理自如"。考虑到浡泥国国王的办公条件有些寒酸，明成祖特意赏赐了麻那惹加那乃一把座椅。

浡泥国国王一行在南京，享受着等同大明王侯的豪华仪仗及宫廷生活，居于专门接待外宾的"会同馆"。明成祖对其不远千里涉海而来，再三给予嘉勉和慰劳，并亲自在奉天门宴请麻那惹加那乃。明成祖还遣派大明高级官员接待陪同，每天到会同馆过问外宾的起居，酒食也由御膳房备好后由重要官员负责送往，并派太监陪同外宾参观游览，安排各种娱乐活动。

浡泥国风俗与大明迥然相异，费信《星槎胜览》载：浡泥国"俗好奢侈，男女一般椎髻，五彩帛系腰，花布为衫"。既照顾浡泥国风俗，又令其感受大明的文明礼遇，大明特意制定了相应的礼仪，规定自浡泥国王以下，凡男子"衣服之制入中国，女服从其本俗"。

感同身受，浡泥国王被大明的繁荣与礼遇折服。据《明成祖实录》记载，麻那惹加那乃由衷地向明成祖表示："覆我者天，载我者地，而凡使我有土地人民之奉，田耕邑井之聚，宫室之居，妻妾之乐，和味宜服，利用备器，以资其生。强罔敢侵弱，众罔敢暴寡，皆天子之赐也。"

天下"共享太平之福"的大明主张，因为郑和下西洋而成为现实。麻那惹加那乃以"生居绝域，习见僻陋"，在南京"获睹天朝太平乐事之盛"，感到"死且有光"。

"死且有光"，有点不吉利，麻那惹加那乃还真不幸而言中。在南京，麻那惹加那乃游览月余不幸染病。明成祖命御医"善药调治"，但终无疗效。

麻那惹加那乃临终前嘱咐王妃："我疾贻天子忧念，脱有大故，命也！我僻处荒徼，幸入朝睹天子声光，即死无憾。死，又体魄托葬中华，不为夷鬼，所憾者受天子深恩，生不能报，死诚有负。"

永乐六年（1408年）十月，浡泥国王麻那惹加那乃逝于南京"会同馆"，明成祖闻之，为之"罢朝三日"。根据其"体魄托葬中华"的遗愿，明成祖以亲王的礼制，在南京选择了一块风水宝地——南京安德门外的石子岗将其安葬，并树碑立祠。南京浡泥国王墓，现为全国重点文物保护单位。

麻那惹加那乃去世，浡泥国相当麻烦。麻那惹加那乃之子遐旺只有四岁，江山幼主，受邻国欺负怎么办？明成祖考虑得十分周到：敕封遐旺为浡泥国王，由大明派官员护送遐旺等回国，并让大明使者在浡泥国"留镇一年，慰国人之望"。为了让周边国家明白浡泥国与大明的特殊关系，明成祖还封浡泥国后山为"长宁镇国之山"，并亲撰碑文。

遐旺一行离开大明时，明成祖亲自设宴为其饯行，并赠送黄金一百两、白银三千两。

浡泥国对大明亦怀深情感恩之心，永乐十年（1412年）九月，遐旺国王偕其母来到大明。这年十一月，遐旺国王一行到达南京，同样受到明成祖的礼遇。遐旺国王在南京祭扫了先王墓，永乐十一年（1413年）二月才返回浡泥。

外交的准则是双赢，明成祖对两代浡泥国王的礼遇恩待，为南洋诸国树立了国不分大小一视同仁的样板，取得了外交上的成功，打开了通往南洋诸国的外交通道，南洋诸国也由此纷纷遣使来访。南洋的上空，大明的旗帜始终高高飘扬。

2. 留在大明的番王后裔

浡泥国两代国王都到了大明，苏禄国国王难免就有点坐不住了。

费信《星槎胜览》载："（苏禄国）居东海之洋，石奇堡障，山涂田瘠，种植稀簿。民下捕鱼虾生啖，螺蛤煮食。男女断发，头缠皂缦，腰围水印花布。俗尚鄙陋。煮海为盐，酿蔗为酒。织竹布，采珍珠，色白绝品，珠有径寸者，已值七八百锭，中者二三百锭⋯⋯地产珍珠、降香、黄腊、玳瑁、竹布。货用金银、八都剌布、青珠、磁（瓷）器、铁铫之属。"

苏禄国是苏门答腊岛移民建立的，位于今菲律宾南部棉兰老穆斯林自治区西端的苏禄群岛，是西太平洋上的一个群岛国家。从费信的记载中可以看出，明代的苏禄国同样处于自然经济状态，唯一的手工业就是以竹子做原料织成竹疏布，国家货币也没有形成，仅以盛产自然状态下的香料、珍珠而闻名。

这也是一个信奉伊斯兰教的酋长国，实行政教合一的苏丹制，国家权力为东王、西王和峒王三家王侯所掌控，其中以东王权力最大。从这里也可以看出，由于地缘的关系，阿拉伯世界对苏禄国的影响，一直大于中国。

苏禄国与大明的直接接触相对较晚，直到永乐七年（1409年），郑和三下西洋时才到达苏禄国。大明前往东洋、西洋，苏禄国也是交通要道，但这一次郑和到达苏禄国，仅仅是路过，目的是出访古里（印度）、锡兰（斯里兰卡）。

虽说仅仅是路过，东王巴都葛叭哈喇却为郑和所折服。巴都葛叭哈喇十分仰慕大明的富庶繁荣，并当场决定去大明"朝觐观光"。说着说着，东王就要上郑和的船。这哪行呢——朝廷安排的任务才刚开始，郑和婉拒了巴都葛叭哈喇的请求。

免费的"顺风船"没搭上，巴都葛叭哈喇便决定自己去，并且拉上西王麻哈喇葛麻丁和峒王巴都葛叭喇卜一同去。

这一次，又将大明吓了一跳。永乐十五年（1417年），苏禄群岛上的三位国王东王巴都葛叭哈喇、西王麻哈喇葛麻丁、峒王巴都葛叭喇卜，连同他们的家眷、陪臣，共计三百四十余人前往大明。

对苏禄国来说，前往大明是件相当不容易的事。苏禄国的航海水平远不如大明，必须完全依赖季风才能绕到大明，数千海里航线要绕上万里；苏禄国王的帆船，先要趁太平洋夏季西南季风向西，经由爪哇、苏门答剌、满剌加再北上占城（越南），再经广州到达泉州，时间长达三个多月。

这时的大明首都已是北京，苏禄国的使团到达泉州后，又在京杭大运河上航行了一个月，直到永乐十五年八月才到达北京。

在北京，苏禄东王向明成祖递交了"国书"（金缕表文），赠送了珍珠、宝石、玳瑁等珍贵礼物。明成祖龙颜大悦，给予苏禄使团空前的礼遇。《明史》载：明成祖将苏禄国三王"并封为国王。赐印诰、袭衣、冠带及鞍马、仪仗器物，其从者亦赐冠带有差"。

苏禄国三王在北京观光了二十七天，回国时，明成祖对苏禄国三王"各赐玉带一，黄金百，白金二千，罗锦文绮二百，帛三百，钞万锭，钱二千缗，金绣蟒龙、麒麟衣各一"。

苏禄国使团回程途经德州时，东王巴都葛叭哈喇遭遇了与浡泥国王同样的命运，也是一病不起，并且同样选择长眠于大明的大地。

巴都葛叭哈喇国王安葬在德州城北二里处（今德州北营村），明成祖"闻之，深为哀悼"，为其撰写祭文，遣礼部郎中陈士启前往祭奠，亦以大明皇族亲王礼制葬之，赐谥号"恭定"。以大明的习俗，朝廷从历城迁来三户回民为东王守墓，并负责王墓的祭祀、祭田耕种等。

东王在大明去世后，明成祖封其长子叭都葛苏性"为苏禄国东王"，命其随西王、峒王归国继承王位，其王妃葛本宁与次子安都禄、三子温哈剌等十人，留下为东王守墓。

按照大明礼制，王妃与王子守孝三年后应该归国，但他们放弃了回国耕海，而是像大明子民一样以耕读为业留在了德州。其中次子安都禄的后裔汉姓为"安"，三子温哈剌的后裔汉姓为"温"，成为大明土地上的特殊回民。这个家族明清时期出过十几位秀才举人，民国时期知名的"不侍二主"将军安树德，即是苏禄国国王巴都葛叭哈喇的后裔。

《明史》载："（永乐）十八年（1420年），西王遣使入贡。十九年（1421年），东王母遣王叔叭都加苏里来朝，贡大珠一，其重七两有奇。二十一年（1423年），东王妃还国，厚赐遣之。"

故事有些伤感，却不失中国历史上的唯一。

3. 大明王朝的"晴雨表"

创下古代中外交往史另一项"第一"的，是满剌加国。终明一朝，满剌加国三代国王五次前来大明访问，最多的一位国王则来了三次。

来华最多的满剌加国王，是拜里迷苏剌。这算是一位开国者，满剌加强敌四绕，拜里迷苏剌不断在邻近的暹罗、爪哇诸国之间谋取生存空间，最终因奉大明为宗主国而得以站稳脚跟。没有大明国，就没有满剌加。

现实的生存有求于大明，似乎是满剌加国刻意贴近大明的动因。从时间上看，倒也能够证明。

满剌加国立国于1402年，永乐四年（1406年）七月，满剌加国王拜里米苏剌即率团来到大明。这团队比苏禄群岛上的三位国王的使团足足多了两百人，竟然达到五百四十余人！

这是大明有史以来到访的最庞大的外国使团，但大明早早做好了迎接的准备。满剌加国战略地位很重要，但主要是凭交通要道获得收益，自身的航海能力并不强。拜里迷苏剌国王到大明，坐的即是郑和使团回国的船只，搭乘"顺风车"来到南京朝贡。

拜里迷苏剌的来访，受到了明成祖极大的礼遇。七月二十五日、七月二十八日、八月初一、九月初一、九月十五日，明成祖五次亲自在奉天门设宴款待，并赐给拜里迷苏剌国王金绣龙衣两袭、麒麟衣一袭及金银、器皿、帷幔、被褥，赐王妃及陪臣等大批礼品。

九月十八日，满剌加使团离开南京回国时，明成祖又命在龙江驿设宴饯行，并赏赐了大量金银珠宝、古玩玉器和绫罗绸缎等礼品。赏赐的物品，计有金织龙衣两套、麒麟衣一套，金银器皿、玉带、仪仗、鞍马、帐幔被褥等，以及黄金、白银各五百，纸币十万贯，铜钱二千六百贯，锦织纱罗三百匹、帛千匹、浑金文绮二个，金丝织的通袖膝襕二个……这种高规格的接待，在永乐朝仅见。

永乐九年（1411年）与永乐十二年（1414年），拜里迷苏剌国王又两度来访，均为郑和船队回航时随船队而来。

拜里迷苏剌去世后，其子亦思罕答儿沙继位为满剌加国王。永乐十七年（1419年）九月，亦思罕答儿沙同样率领王妃、王子访问大明。

亦思罕答儿沙去世后，其子西里麻哈剌者国王亦率王妃、头目等，于宣德八年（1433年）九月访问大明。

祖孙三代，就这样对大明一往情深。

这种密集的往来，显然是双方的互动。满剌加国与大明结成的，其实就是战略同盟。在大明强有力的支持下，15世纪中叶，满剌加国成为区域性强国，成功地控制了马六甲海峡，成为地区霸主。这种对南洋至印度洋咽喉要道的控制，亦即意味着大明对该地区的控制权。

郑和七下西洋，六至满剌加，并在满剌加设立了稳定官仓，满剌加国也确实是郑和船队理想的中转站：利于船舶的停靠补给，也利于船队等待不同的季候风，为南下远航与返回中国争取到最有利的时机。形式上看，这对郑和圆满完成西洋任务作用明显，但这种远洋航行中的便利，较之于国家安全与利益，仍然不能相提并论。

大明帝国三分之二的属国在东南亚，也是传统中国的战略缓冲区，满剌加则是缓冲区的桥头堡。拥有之，南中国海就是中国的"内海"。满剌加与大明密切关系的改变，始于郑和下西洋活动的终结。从15世纪中叶开始，满剌加与大明一样，也日益衰落。这一点，恰恰为永乐之后的大明帝王们所忽略。

满剌加盛极而衰，始于内乱与外敌。内乱即满剌加内部的王位之争，外敌则是大航海时代的到来。欧洲人对香料魂牵梦萦，到达东方大胆探索。葡萄牙最早入侵满剌加，西班牙、荷兰、英国人也相继而来，立国一百余年的满剌加就此亡国。

近代社会的到来如此迅速，远远出乎大明统治者的预料。随着满剌加的亡国，大明掌控马六甲海峡的海洋时代也随之结束，帝国的海上大门大开，从此无法阻挡西方殖民者，甚至连发现都没有做到。

满剌加遭遇强大外敌时，曾向宗主国大明发出求救。大明礼部收到满剌加使者的求救信时，满剌加已落入葡萄牙人之手长达九年。如果大明仍有郑和式的航海活动，这一切断断不至于发生。短视与无能，预示着大明已缺少大国雄主的谋略与雄心。颇具传奇色彩的明武宗，对葡萄牙入侵满剌加的回应是：不许佛郎机（葡萄牙）入贡！

以葡萄牙之力，尚不能撼动大明。更可怕的是，明清易代后，海禁在新王朝执行得更彻底，直到英国人的坚船利炮轰塌国门。而涉及中国历史命运的"晴雨表"，最先的一个即是满剌加。台湾学者张存武说：葡人之东来，才是中国数千年来未有之变局。

郑和下西洋掀起的海外朝贡高潮，不能完全排除明成祖"赔钱赚吆喝"的成分。但是，不花眼前的"冤枉钱"，未来或许要花更多的钱。大国高层的政治智慧，仅以低层面的平民视野是难以洞悉的。

4. 无处寻觅的海外番王

在大明特定的历史情境下，明成祖这样的雄主，是不可能乱花"冤枉钱"的。但是，明成祖有一笔钱花出去后，至今却不知道花到了哪里。

可能受苏禄国王到大明朝贡的影响，一个名叫古麻剌朗国的国王也来到了大明。

只能说是一种可能。但是，这个"可能"又确实是史实。

《明太宗实录》载："永乐十八年（1420年），冬十月，丙辰，古麻剌朗国王斡剌义亦敦奔入朝……十九年夏四月，丙辰，古麻剌朗国王斡剌义亦敦奔归至福建，以病卒。"

古麻剌朗国王斡剌义亦敦奔不仅来到了大明，而且病逝于中国福建。与中国的诸多属国不同，史料中的古麻剌朗国，只见于明永乐年间，更谈不上远溯汉唐。

古麻剌朗国是个什么样的国家呢？《明史·外国》载："古麻剌朗，东南海中小国也。永乐十五年（1417年）九月遣中官张谦赍敕抚谕其王斡剌义亦奔敦，赐之绒锦、丝宁丝、纱罗。十八年八月，王率妻子、陪臣随谦来朝，贡方物，礼之如苏禄国王。王言：'臣愚无知，虽为国人所推，然未受朝命，幸赐封诰，仍其国号。'从之，乃赐以印诰、冠带、仪仗、鞍马及文绮、金织袭衣，妃以下并有赐。明年正月辞还，复赐金银钱、文绮、纱罗、彩帛、金织袭衣、麒麟衣，妃以下赐有差。王还至福建，遘疾卒。遣礼部主事杨善谕祭，谥曰康靖，有司治坟，葬以王礼。命其子剌苾嗣为王，率众归，赐钞币。"

从史料可以看出，古麻剌朗国是南海中的一个小国，是大明的友好国家，国王夫妇访问了大明，在明成祖面前十分谦卑，为自己能到达大明这样的大国感到无上荣光。

这位古麻剌朗国斡剌义亦敦奔相当不幸，与浡泥国王麻那惹加那乃、苏禄国东王巴都葛叭哈喇一样，皆病逝于大明。浡泥国王、苏禄国东王墓至今犹存，古麻剌朗国王墓却找不到了。

《福州府志·家墓》载："康靖王墓在草市都茶园山。"据福州地方学者考证，"茶园山"在今福州杨桥西路北侧的茶园山。20世纪50年代，工程建设时康靖王墓已被平毁。

其墓不存，其国又何如？"东南海中小国"古麻剌朗，明万历年间的学者罗曰聚在《咸宾录·南夷志》中记载："其国有百余州，有城四重。国人不荤食，有佛宇四千，四万余妓每日歌舞以献佛。王出入乘象，戴金冠，从者骑马持剑随之。"

古麻剌朗是一个信奉佛教的国度，生存的空间十分狭小。正因为面临国家生存的威胁，古麻剌朗国需要获得大明的支持与保护。但大明与古麻剌朗国的联系，并没有维持太久。

《明仁宗实录》载："永乐二十二年（1424年）十月，古麻剌朗国王剌苾等遣头目叭谛吉三等奉金叶表笺来朝贡物。"

这是明代史料中有关古麻剌朗国的最后一条信息，从此古麻剌朗国再无下文，以致今天学者仍旧搞不清古麻剌朗国究竟立国何处。大致的情形应该是，古麻剌朗国与苏禄国临近，或为今菲律宾棉兰老岛，但这只是学者们的一种推测，其实很难有个定论。

永乐二十二年（1424年），正是明成祖故去的时间。在其后的时间里，郑和下西洋几乎陷入停滞状态，大明的主动外交日趋减弱。因郑和下西洋而被纳入和谐与秩序轨道的地区，丛林法则相继再现。景泰元年（1450年），大明王朝遭遇"土木堡之变"而难以自顾。正是在这一年，苏禄王国大举开疆拓土，古麻剌朗国很可能就在这个时候被苏禄国并吞。

一个小国的悲剧，成为一个大国的缩影。这若在强盛的永乐时期，完全是一件不可能的事情。

5. 帝王的心思与心胸

郑和第三次下西洋回国时，大明王朝一派祥和：南方平定了安南，北方驱走了鞑靼，前来大明的西洋番国嘉宾云集京师。

明成祖给郑和及下洋官兵下达了一道旨意：休息。

这一休息就是两年。第一次下西洋，下洋官兵休息了三个月；第二次下西洋，下洋官兵休息了半年。两年，不成比例啊！难道国泰民安，明成祖对西洋海外已失去了关注？

事实正好相反，明成祖的视野已经不尽在大明周边，而是投向了西洋极远国。大明的下西洋船队，计划要突破前三次的航程，出洋人员与船舶都需要做充分的准备与休整。

即便是准备工作纷繁复杂，两年似乎也长了一点。在这两年里，郑和亲自做了两件事：一是回到故乡云南昆阳拜扫祖茔，一是前往西安征聘伊斯兰教教长哈三充任阿拉伯语翻译。

回乡祭祖，当然要亲自跑一趟。但这桩貌似寻常的私事，放大的细节却极不寻常。

郑和的故乡云南之行，官方没有留下任何记载，但郑和自己在家乡留下了一块记事碑，刻在记事碑上的文字，至今仍清晰可辨：

"马氏第二子太监郑和，奉命于永乐九年十一月二十二日到于祖冢坟茔，祭扫追荐至闰十二月吉日，乃还记耳。"

这是一段颇为诡异的文字。明代中高级京官私事回乡，需要向朝廷履行告假程序，最后经由皇帝"恩准"。郑和还乡祭祖，竟然是"奉命"而不是"恩准"！

"奉命"，明显属于"公务"行为。

郑和的家乡昆阳，是明代云南府下辖的一个散州。祭祀完祖冢坟茔，郑和便去了昆明城。云南省、府、县同治，均在昆明城内。而此时昆明城内最显赫的人物，便是第二代西平侯沐晟。官员回乡拜谒地方官，这是非常自然的事情。

但是，郑和到了昆明城，并没有前往沐府，而是径入五华山悯忠寺。

郑和在云南为何行踪反常？清代云南名儒王崧《云南备征志》称：靖难之变后，建文帝朱允炆削发为僧潜逃至滇，沐氏兄弟"慎密庇佑，以全其生"。

围绕朱允炆的踪迹传闻，隐匿云南之说最引人注目。只有《明通鉴》最为独特，特意否认朱允炆隐匿云南。《明史纪事本末》与《明通鉴》又干上了，执意认定朱允炆隐匿云南。事件的焦点在云南，皆因云南沐氏与明皇室的关系特殊。

西平侯沐英是明太祖朱元璋的同乡，也是养子。洪武十四年（1381年），沐英与傅友德、蓝玉率兵三十万出征云南。因为与明太祖特殊的关系，云南平定后沐英留滇镇守。沐英与太子朱标亦关系密切，朱标病逝，沐英闻讯后悲声痛哭，"至是感疾，卒于镇"。沐英逝后侑享太庙，更见其在明太祖心目中的地位。

沐英次子沐晟，少时即生活于京师南京，深受明太祖朱元璋的喜爱，也与皇太孙朱允炆过从甚密。沐英长子沐春早逝，沐晟承袭父爵，成为新一代"云南王"。

岷王朱梗的封地也在云南，朱允炆即位后大举削藩，沐晟便成了囚禁岷王的执行者。沐晟与朱允炆关系莫逆，"靖难之役"后的沐晟，一下子被推上风口浪尖。

建文四年（1402年），岷王朱梗获释归藩，沐晟就成了出气筒。朱梗数度上书明成祖，告发沐晟是朱允炆的同党。郑和在云南秘密寻找建文帝的下落，绕开沐晟而独立行动，也是有些道理的。

这种复杂的情形下，如果朱允炆真的到了云南，沐晟还敢提供保护吗？

完全可能，因为沐晟是一个极富智慧的人。

朱梗进谗，明成祖不仅没有开罪沐晟，还将第五女常宁公主下嫁沐晟之弟沐昕。王崧《云南备征志》称，沐晟密将朱允炆"送至武定府"，"既不挟之以开衅，亦不卖之以邀宠"。《明史纪事本末》记载："（永乐）四年（1406年）夏四月，建文帝至西平侯沐晟家，留旬日。"沐晟出色的智慧与品格让明成祖心生疑窦又信任、笼络并施。

寻不出朱允炆的下落，始终是明成祖的心结。让郑和"奉命"回乡扫墓，明成祖的心思与心胸也在云南这种特殊情形下呈现出来。郑和堂而皇之地回乡祭祖，秘而不宣地在云南寻访了数月，依旧一无所获，没有发现朱允炆的任何蛛丝马迹。

明成祖的心思，什么时候才能够烟消云散呢？《明史纪事本末》给出的时间，是明英宗正统五年（1440年），并且有些偶然，而这时的明成祖早已去世。

这年春天，建文帝朱允炆在贵州金竺长官司罗永庵题了一首诗："风尘一夕忽南侵，天命潜移四海心。凤返丹山红日远，龙归沧海碧云深。紫微有象星还拱，玉漏无声水自沈。遥想禁城今夜月，六宫犹望翠华临。"

僧人杨应祥，就此获悉建文帝的真实身份。这人大脑有点不正常，告密可以领赏，他却想到了出名。杨应祥偷了建文帝的诗，跑到思恩州衙门大喊大叫："我就是建文皇帝！"

这一喊不要紧，罗永庵的一大群僧人，连同建文帝全都被抓了起来，送到了京师北京。正统五年九月，瞎蒙的杨应祥被处死，其他人被处戍边。建文帝已经流浪了四十年，对审讯的官员说：还戍什么边啊，我就是建文帝！

刚死了一个"建文帝"，又出来一个"建文帝"，这是想让朝廷炸锅啊！好在曾侍奉过建文帝的老太监吴亮还在，看一眼或许还能辨出真假。

建文帝见到吴亮，主动招呼道：你不就是吴亮吗？

吴亮回答：我不是。

建文帝说：不会吧！那回在御便殿食子鹅，我扔了一块鹅肉在地上，你手里拿着一把壶，伏在地上像狗一样舔食肉片，怎么忘了呢？

吴亮一听，伏在地上哇哇大哭。

建文帝左趾有黑子，吴亮捧起建文帝的左脚，看了之后哭得头都抬不起来。回家后，吴亮便上吊自杀了。

又是一个死无对证。陪同建文帝流亡的大臣，《明史纪事本末》等私家著述曾记载了二十余人，始终陪同建文帝的只有绩溪人程济。这位翰林院编修，在漫长流亡过程中，建文帝扮僧人，他扮道人，并且他还真的学过道术。

当年，建文帝的南军与朱棣的燕军对阵徐州时，程济曾参谋军事。南军挫败燕军，参战将领竖碑立功，程济的名字也在碑中。后来战事逆转，朱棣路过徐州，见此碑后大怒，催人快把它砸了。兵士火速找来一把锤子，举锤便砸，朱棣又示意："等一下，碑文抄好再砸！"

这位兵士太积极，朱棣话未说完，他已经砰地一锤下去了。名单上了碑文的人，后来全被抓捕，唯一的漏网之鱼，就是程济。因为兵士的那一锤，正好砸在程济的名字上，程济也就没有进入明成祖的视野。

建文帝最终老死宫中，葬于西山，没有堆坟，也没有立碑。程济离开京师后到了云南，焚毁了建文帝曾经寓住的陶堂，一把火让往事化为了云烟。

谷应泰是清顺治四年（1647年）进士，"肆力经史"，有"清代文苑第一人"之誉，《明史纪事本末》的记载，当是空穴来风。但这一切对明成祖来说，实在来得太晚。

明成祖心思的化解，《明史》的记载则在其去世之前。永乐二十二年（1424年），明成祖正领军北征蒙古，胡濙急行四百里，星夜赶到朱棣北征驻军的宣府。二人会面的这个地点，其实还与郑和有关——如果说郑和屡下西洋有什么积极意义，对朱棣来说最大的意义，是他对大明朝的"国际形势"有了科学的研判，帝国的威胁不太可能来自海外，仍然是北方的宿敌蒙元，尽管此蒙元非彼蒙元，国家安全的重心还是明确的。

胡濙赶到国防前线时，朱棣已经睡下。听说胡濙来了，朱棣赶紧爬了起来。二人密谈到天将放晓，朱棣终于放心睡去。

他们究竟谈了些什么，后人不得而知。《明史》载："先濙未至，传言建文帝蹈海去，帝分遣内臣郑和数辈浮海下西洋，至是疑始释。"胡濙很可能打探到了朱允炆的确切消息，他们也可能接着分析朱允炆争夺皇位的可能性。最后二人达成一致：没有必要继续追查朱允炆的踪迹。

胡濙究竟跟朱棣说了什么，根本没有确凿的史料。一百五十年后，首辅张居正给小皇帝明神宗讲经史，小皇帝突然好奇地问："建文帝果是出逃了吗？"张居正回答："先朝如此相传，国史没有记载，据说他披着僧服云游四方，只留下过一首诗。"小皇帝听了连连叹息，命张居正抄录诗句给自己瞧瞧。张居正说："拉倒吧！此亡国之诗，有什么意思呢？"然后，张居正抄了几首明太祖的励志诗作，递给了明神宗。

已经烟消云散，又何必刨根问底，这或许就是明成祖最终释怀的原因。而郑和对朱允炆的苦苦寻找，似乎也应该到此画上句号。大明远交的主题应有更新了。

6. 娱乐中的大国外交

郑和下西洋，无疑为大明创造了良好的外部环境，也有效地提升了大明在海外的影响力。这种影响力，又成为郑和下西洋一帆风顺的重要保证。

但是，永乐十八年（1420 年）之前郑和五下西洋，大明船队皆行至印度洋返航，而不是行至更远。为什么呢？这并不是明成祖的初衷，也不是大明船队远航能力的局限。

15 世纪初的世界各国，几乎处于分割而封闭的状态。这种状态的最大优越感，就是我的地盘我做主，人人都是世界的中心。"村长"大的酋长，也认为自己是地球的主宰。中国有句成语叫"夜郎自大"，其实是不吃亏根本不知道别人的拳头硬。

埃及马穆鲁克王朝，就很有这样的自信。郑和船队行至亚丁湾，马穆鲁克王朝瞪起双眼，厉声喝问：你是谁呀？！

就算给笔过路费，人家同样不放行。强龙压不过地头蛇，为避免发生冲突横生意外，郑和只得率领大明船队绕道而行。

地处欧亚非三大洲的交通要冲，马穆鲁克王朝确实比较牛。埃及马穆鲁克王朝（1250—1517年），又称马木留克王朝。这个王朝的前期，一直在抗击十字军与蒙古人的入侵。瘸子帖木儿死于东征大明后，马穆鲁克王朝趁势而起，进而控制了红海流域。在红海南端的亚丁湾，马穆鲁克王朝为争夺香料贸易的过境税，又与周边国家大打出手，并严禁东方船队进入自己的地盘。

郑和的船队在被动地绕行，明成祖决定另派一班人出去主动地绕行。

永乐十六年（1418年），陈诚奉命出使中亚、西亚。永乐十八年（1420年）七月，二十七个国家计有六百余人的中西亚国家使团，跟随大明使者抵达了嘉峪关。

外交无小事，明成祖安排了六千余精锐骑兵一路护送。由西而东，是大明朝的九边军镇，大明让各国使者一路"参观"。每个军镇，大明都特意安排军官中的蒙古人、回族人接待，介绍大明的国情与"民族政策"。如果这些使节有兴趣，想借机考察大明军事实力，大明也是额外开恩，根本不做任何保留。

公开，透明，想看啥就看啥，说好就是让大家尽兴玩的。而这些使臣，不乏"学者型"的官员，边参观边研究——大明的每一边镇，兵力也接近自己的倾国之兵啊！

永乐十八年十一月十七日，庞大的外国使团一路玩到北京。此时，明成祖正在筹谋第三次北征蒙古，京城地区正好重兵云集。十一月二十日，明成祖在北京皇宫接见了各国使臣。

按照大明的礼制，这种场合诸国使臣皆需向大明皇帝行叩拜礼。纯粹的"外交"礼仪，帖木儿国使者居然说"不"。

自打瘸子帖木儿病故，帖木儿帝国走下了"世界第一军事强国"的交椅，但世界强国的感觉还依旧残留。帖木儿帝国使团领头的是宰相阿尔都沙，副使是瘸子帖木儿时期的名将盖苏耶丁。实话实说，这二人都是响当当的人物，确实在本国享受免跪拜礼。到了大明，他们便提出"我国无此风俗"，坚持只对明成祖行鞠躬礼。

事实并不是他们说的那么简单。大明因推翻蒙元而起，蒙古成吉思汗建立的

"四大汗国",如今仍有三个存于亚非欧的广大区域。北元皇庭溃散后,诸多官员流亡到中亚、西亚各国。敌视大明的中西亚诸国中,帖木儿帝国无疑是一只"领头羊"。

明成祖并不与帖木儿国使臣计较什么。不通时事之变,这也是工作作风轻浮啊!在大明参观考察几个月,帖木儿国使臣竟然全当公款旅游观光了。既然他们参观考察没有取得阶段性成果,那就继续安排新的参观项目。

明成祖让诸国使团深入大明内地,山东孔庙看文化,直隶南京看经济,中原大地看山川。花上两个月还看不出奥秘,这样的使者智商应该有点问题,这样的国家也不会有太大的出息。

永乐十九年(1421年)三月,各国使团接到通知,大明皇帝将在京郊怀来举行大规模"狩猎",邀请各国使团前往观览。

参加"狩猎"的明军计有十万余众,既有明军精锐"五军营""三千营""神机营",也有广西、云南、四川调来的地方部队土狼兵、白杆兵。大明军队表演了骑兵包抄、步兵突击、步骑合击,演练了步兵劲弩齐射、长枪步兵刺杀等。"神机营"展示了虎威炮、火龙枪、火龙车等一系列"高科技"火器,多兵种合成的实战演练,持续了整整一个月,令"列国使节俱惊"。

"狩猎"结束,明成祖在土木堡行营接见了各国使节。这一次,帖木儿国使臣进步最大,率先下跪磕头,"叩首触地"。

脑子醒过来了,思维也就变了。帖木儿国使臣对明成祖说:我们国王要进献一匹马,这可是帖木儿国的顶级"国宝",帖木儿生前南征北战的"御用坐骑"。

这马到底是不是瘸子帖木儿的"御用坐骑"?肉眼鉴定不了,高科技还没出现,帖木儿国使臣的心意倒是真的。

明成祖很高兴,顺手取出一支"长铳"(火枪),顺口说了个故事:这可不是普通的长铳,是我儿子朱高煦用过的,请转赠给你们的国王,算是做个纪念吧!

纪念个啥呢?明成祖没说,帖木儿国副使盖苏耶丁听了,心里一怔。后来,他在回忆录中写道:"我不得不承认,大帝(帖木儿)死在东征的路上,是一件幸运的事情，这使他保全了一生的英名。"

像是牛头不对马嘴，倒也响鼓不用重敲。知己知彼，不一定百战百胜，但肯定能免招一辱。

明成祖"狩猎"后，中亚、西亚诸国无形中承认了大明代元的"天朝"地位，与大明的关系也大为改善。埃及马穆鲁克王朝使臣回国后，随即解除了红海东方商船的禁令，中国的丝绸、瓷器等货物从此顺畅地运抵红海地区，并经此输入欧洲各地。

西洋取宝

郑和七下西洋，并不包括个人目的。无论是西方的大航海，还是大明的郑和下西洋，这种人类大规模征服海洋的行动，都是一种国家行为，都是出于国家经济与政治的需要，只是各自的侧重点不同。郑和船队同样是一支海外贸易船队，亦即旧小说中的"西洋取宝"。

较之于国内的商业贸易，海外贸易始终有着巨大的比较利益。著名学者黄仁宇在《万历十五年》中推测，郑和七下西洋的总费用，约为白银六百万两。花掉这个天文数字，郑和下西洋又带回多少"宝物"呢？研究郑和的专家给出的参考答案是，约合白银千万两，是宋元市舶司收入的十几倍。但明成祖逝世后，诸多文官都认为郑和下西洋过于"赔钱"，要求中止下西洋活动。

郑和下西洋究竟为大明带回了什么，导致一笔简单的收支账，最终算得天差地别呢？

1. 餐桌上的燕窝

燕窝一直是权贵阶层的奢侈消费品，譬如在《红楼梦》中林黛玉是体质最差的一个，也是吃燕窝最多的一个。林黛玉在《红楼梦》里大约吃了十七次燕窝，薛宝钗曾对生病的林黛玉说："每日早起，拿上等燕窝一两，冰糖五钱，用银吊子熬出粥来，要吃惯了，比药还强，最是滋补阴气的。"大观园尽管极尽奢华，但这种"食补"，成本太大，黛玉也是在宝钗赞助的前提下屡吃燕窝的，并且是出于养病的需要。

林黛玉的这种待遇，是一种幸运，更早的中国人是谈不上这种口福的。

无论是作为药品还是食品，燕窝在中国史籍中出现得都相当晚。从宋末活到明初的老寿星贾铭，其著《饮食须知》中第一次出现了"燕窝"："燕窝味甘性平。黄、黑、霉烂者有毒，勿食。"

最早记录燕窝的医书古籍，则是成书于清顺治十六年（1659年）的《本经逢原》。张璐《本经逢原》载："燕窝甘、平。能使金水相生，肾气滋于肺，而胃气亦得以安，食品中之最驯良者。"

至于电视剧中武则天吃燕窝，那只是一种戏说。寿星贾铭让明太祖朱元璋品尝燕窝，也只是后世文人的演绎。

燕窝走上中国人的餐桌，其实始于郑和下西洋。

郑和七下西洋，均经过满剌加国（马六甲地区）。马欢《瀛涯胜览》载："满剌加国凡中国宝船到彼，则立排栅，如城垣，设四门、更鼓楼，夜则提铃巡警，内又立重栅，如小城。盖造库藏仓廒，一应钱粮顿在其内，去各国船只回到此处取齐，打整番货，装载船内，等候南风正顺，于五月中旬开洋回还。"

郑和船队在满剌加建有庞大的基地，停留的时间也长。正是在满剌加，郑和发现了燕窝。

在今马六甲地区的华人，流传着一则传说：郑和船队曾遭遇海上风暴，船队紧急停泊在一个荒岛处。由于食物短缺，有官兵发现峭壁上的燕窝可以食用，一些官兵食用燕窝后居然气色变好。于是，郑和命令官兵大量采摘，士兵们食用后，证明燕窝确实存有特殊功效。郑和意识到这是一种难得的滋补品，带回一部分献给了明成祖。而周边的一些国家，也从此将燕窝作为朝拜大明的贡品。

当代法国人弗朗索瓦·德勃雷在《海外华人》中，对郑和发现燕窝有另外的说法。德勃雷认为，郑和船队在婆罗洲北岸登岸后，从当地居民中学会了采集燕窝做成汤吃，"以便调剂部队的食物"。

由于郑和下西洋史料的缺失，这两种说法都没有原始依据。但从明代郑和下西洋前后的一些史料对比可以发现，郑和将燕窝作为特殊商品引入大明，则是完全可信的。

明张燮《东西洋考》载："万历十七年（1589年），（燕窝）每百斤上者税银一两，中者税银七钱，下者税银二钱。"燕窝在明初极为罕见，明中后期则被朝廷正式列为纳税的"进口"商品。关培生《燕窝考》则曰："今考郑和下西洋时，所经之处，均为出产燕窝之地区。"燕窝从东南亚输入中国，时间与地点都与郑和下西洋高度吻合。

郑和对燕窝进入中国的贡献，除了"需求"这个环节，同样见于"生产"环节。

当时的燕窝主产国，普遍原始落后，燕窝的采集难以形成规模。金丝燕所筑的燕窝，为防避天敌，多建于悬崖绝壁顶端。人为采集燕窝具有生命危险，土著人无须为这种食物而白白牺牲生命。郑和是在特殊情形下发动官兵采集燕窝的，并且他带的就是这样一支富有牺牲精神的团队。

《星槎胜览》载："其山（九洲山）与满剌加国接境。产沉香、黄熟香，水木丛生，枝叶茂翠。永乐七年（1409年），正使太监郑和等，差官兵入山采香，得茎有八九丈长者、八九尺大者六株，香清味远，黑花细纹，其实罕哉！番人张目吐舌，悉皆称赞天兵飚员之神，蛟龙走，兔虎奔也。"

费信记录的，是郑和第三次下西洋时，大明官兵在九洲山采集香料时的情形。九洲山，指的是满剌加国境内的岛屿，即今马来半岛西南部的森美兰群岛，以盛产沉香、黄熟香闻名于世。

沉香，是沉香木腐烂留下的树心，因能沉于水或半浮于水而得名；黄熟香，则是沉香木流出的树脂。沉香、黄熟香都是昂贵的药材，也是特殊场合的焚香，或用来雕刻佛像、奢侈器具等，在大明罕有而贵重。郑和听当地人说深山里有这种香木，便安排官兵进山采集，居然采到了长八九丈，直径八九尺的特大香树六株。

这种庞然大物，在生产力落后的土著眼里，是无法想象的，所以看得目瞪口呆，以为大明官兵是神人。

无论是采集燕窝还是香木，郑和都为大明带来了利益，也促进了当地的经济发展。

清代医学家赵学敏《本草纲目拾遗》载："燕窝，味甘淡平，大养滋阴，化痰止咳，补而能清，为调理虚劳擦之圣药。"

这都是一些很悲催的记载，直到清乾隆年间，燕窝还是"圣药"，绝对就与平民无缘。市场为有限的需求拉动，郑和的悲催也即在这里：下西洋的海外贸易行为，服务对象主要是皇室与权贵阶层，并不存在开放型的市场。朝贡贸易的前提，是藩属国对宗主国的政治承认，政治属性显然压倒经济属性，并且无法以金钱衡量。郑和下西洋的壮举，也就很难被社会更广泛的层面认同。

但是，单就西洋取宝而言，这也不以郑和的意志为转移。民间传说，明太祖朱元璋少时家贫，曾因三日没讨到吃的而饿昏，一位老婆婆将家中仅有的剩米粒（珍珠）、白菜叶（翡翠）、馊豆腐（白玉），和在一起做成"珍珠翡翠白玉汤"，救活了朱元璋，令其称帝后还念念不忘。其实，这仅仅是个故事，锦衣玉食是帝王的常态。他们的生活皆取之于民，至于来自本土还是海外，那都只是一个形式的问题。直接的税赋是民脂民膏，西洋宝物也是民脂民膏。与民同乐，同甘共苦，全世界都没有这种"过去式"，历史的阶段性是无从跨越的。

2. 珍珠的辛酸味

燕窝的发现，体现的是郑和下西洋的艰难与辛酸。但是，这还不是艰难与辛酸之最。

明人陆采《冶城客论》记载：郑和第三次（或第四次）下西洋期间，一名下西洋士兵不幸染上疟疾，最后竟死里逃生，并意外获得奇异珍珠。

中国海域并不乏珍珠，郑和西洋取宝为何要舍近求远，求诸海外呢？这与海外采购燕窝，同样没有本质上的差异。

宋、元时期，中国两广及福建东南沿海一带即有采集珍珠的蜑户。明邝露《赤雅》载："蜑（蛋）人神宫，画蛇以祭。"蜑户从事危险的海底作业，容易窒息而死，或遭鲨鱼攻击。《岭南丛述》载：采珠蜑人常"不幸遇恶鱼，一缕之血，浮于水面，舟人恸哭，知其已葬鱼腹也。亦有望恶鱼而急浮，至伤股断臂者"。

蜑户生命的极度无常，导致图腾信仰皆异于普通平民。自然资源总是有限的，即便劳作异常艰辛，中国沿海地区经历元朝掠夺式的采集，明初已无珍珠可采，或只有一些"大路货"。郑和到海外诸国采购珍珠，也是不得已而为之。

《冶城客论》中发现珍珠的这段传奇，既很偶然也是必然。郑和舟师人员密集，容易引发传染病传播。中国古代医籍中记载最详的传染病首推疟疾，在"圣药"金鸡纳尚未问世之前，古人对疟疾基本上束手无策，甚至认为这是神灵降于人类的灾难。中国历史上，汉武帝征伐闽越时"兵未血刃而病死者十二三"，东汉征交趾时"军吏经瘴疫死者十四五"；清军征缅甸时"及至未战，士卒死者十已七八"……大批军人死亡，罪魁祸首便是疟疾。

古人对疟疾的认识虽谈不上科学，但已经意识到这是一种烈性的传染病，常以处死或抛弃患者的方式阻断传染源。郑和下西洋船队虽然每艘船都配有一两名医士，遇上疟疾同样束手无策，为了避免更大的牺牲，船队远航途中，处理疟疾患者的方式也只能这样。

染上疟疾的这位下西洋士兵，本来要被抛入大海。但驾驶这条船的舟师与这名士兵平时交情深厚，将其放在了一个无人居住的荒岛，并留给他一些粮食、衣物、炊具等生活用品。

疟疾的死亡率并非百分之百，这位士兵也算福大命大，最终在荒岛上病情自愈，靠着吞食鸟蛋等活了下来。

这位极度孤独的士兵，每天都在荒岛上闲逛，希望能够有奇迹发生。这一天，他真的发现了一个奇迹：从密林到海边，竟有一条光滑的小路——地上的路都是人走出来的，有路，肯定就会有人！

出于士兵的职业敏感，他决定悄悄观察动静。这一观察，差点又将自己吓死：开出这条"路"的并不是人，而是一条昼出夜归的巨蛇！倘若自己贸然行事，死里逃生的他必定葬身蛇腹。

既为了自身安全，也为了换换口味，这位士兵决定将这条巨蛇杀死。他用工具将竹子削成锋利的竹刀，安插在巨蛇经过的小路上。果不出其然，巨蛇快速通过小路时，腹部被竹刀划破，死在了海边。

确认已经没有危险，这位士兵近前察看，结果又令其大吃一惊：小路的血污中撒满了珍珠，有的竟达一寸！原来，这条海蛇平日吞食了很多珠蚌。他将这些珍珠捡拾起来，竟有数斛之多。

大约又过了一年，奇迹再次发生：郑和船队返航从这座海岛边经过，这位士兵将衣服绑在树枝上，一边挥舞，一边狂呼。郑和船队也发现了他，将其救到了船上。

上船后的士兵，报告了自己在岛上还有珍珠，要求上交充公。领队太监将信将疑，一个人在环境恶劣的荒岛待了一年，精神错乱也是正常的。但太监还是派几名士兵上了荒岛，在那位士兵居住的山洞里，真的找到珍珠，足足几担，并且许多是罕有的特大珍珠。太监意外而兴奋，将这些珍珠的十分之一，分给了这位士兵。

这位劫后余生的士兵，成了轰动一时的传奇富翁。

《冶城客论》的小说色彩极浓，视其为艺术类似乎更为确切，但也具有相当高的艺术真实性。这个故事或许发生于郑和船队某个分綜，未见正史或船队随行人员的笔记。但从这个故事中，可以窥视出郑和西洋取宝活动诸多真相。

郑和下西洋有着巨大的风险，海难事故时有发生，明成化年间的兵部车驾郎中刘大夏曾言"军民死且万计"。这些下洋官兵，多数葬身大海，只有极少数意外获救。

郑和分綜船队曾在爪哇岛附近遭遇强大的海上风暴，船只倾覆，只有卫卒王周镇等人被风暴刮至班卒儿国（今印度尼西亚苏门答腊岛西岸巴鲁斯附近）。班卒儿是个小国，与大明亦无交往，王周镇等被当地土著人抓了起来。爪哇是大明的属国，有个叫珍班的爪哇国小头目听说后，便用金子赎出了王周镇等人，并将他们送至爪哇国西王杨维西沙处。据《明成祖实录》记载：永乐十六年（1418年）四月，爪哇国西王杨维西沙遣使惟叔到大明朝贡，同时将王周镇等大明士兵送还大明。

爪哇国的举措，不仅体现了人道主义精神，也体现了对大明的友好，这些都令明成祖大为感动。明成祖为此赏赐爪哇国西王杨维西沙金织文绮纱罗五十五匹，对赎救大明士卒的珍班，赏赐文绮纱罗二十四匹。

无独有偶，宣德五年（1430年）郑和第七次下西洋时，又一分艅船队在孟加拉湾海域遭遇海难，二百人丧身，只有士卒赵旺等百人随风漂至卜国（今缅甸境内）。

卜国与大明亦无往来，赵旺等百人在当地生活了十八年。赵旺有着强烈的故土情结，最终与两名同伴经云南返回了大明。《明英宗实录》载：正统十三年（1448年），"始西洋发碇时，舟中三百人，至卜国仅百人，至是十八年，惟（赵）旺等三人还"。

宣德六年（1431年），郑和船队返航至南海时，又有分艅再次遭遇海上风暴，二十余名下洋官兵侥幸漂到了占城国。这二十余名下洋官兵，回国应该要比赵旺等顺利，因为占城是大明的属国。事实却并非如此，他们遭到了占城国地方头目的扣留。据《明英宗实录》记载：正统元年（1436年）五月，占城国遣使逋沙伯济阁等朝贡大明，明英宗命占城国王将"下西洋官军尽数放回，使彼此人民各得遂其父母妻子完聚之愿"。这些大明官兵，在异国他乡足足流落了五年之久。

西洋取宝过程中，除了显性的自然风险，意外冲突也在所难免。永乐八年（1410年）郑和等第三次出使西洋时，遭到了锡兰山国的武力围攻，郑和舟师大获全胜，战死或失踪的大明官兵则无从查考。据宣德元年（1426年）六月礼部所奏："锦衣军杜子忠等四人，永乐中随太监郑和出使西洋，至锡兰山遇寇，四人被掠。今自苏门答剌国搭乘朝贡船来归。"

杜子忠等出自锦衣卫，亦即大明的"特种部队"。凭借自身出色的绝地生存能力，杜子忠等成功逃脱，并搭上了邻国朝贡大明的使船。而杜子忠等与家人团聚，则整整过了十五年。

郑和西洋取宝，每一件宝物都是有味道的……

3. 海上丝绸之路

广角镜头下的郑和西洋取宝，是波澜壮阔的。中国古代经中亚通往南亚、西亚以及欧洲、北非的陆上贸易通道，被称为"丝绸之路"。除了这条陆上丝绸之路，还有肇始于汉代，发达于唐、宋、元，因郑和下西洋而达于高峰的海上丝绸之路。

以航运的便利性，海上丝绸之路更利于商贸活动。从第四次下西洋开始，郑和船队的商贸色彩明显加重。郑和下西洋的或然性通常会遭放大，明王朝的海外战略远远被低估。郑和下西洋之始，即着眼畅通海上贸易线，并试图构筑以大明为中心的海外贸易圈。《托尔德西里亚斯条约》框架下的葡萄牙、西班牙人，旨在海外的新发现。明王朝的侧重点，始终没有离开新航线的开辟与海洋秩序的构建，这或是中西方思维方式的差异，也是中西方不同价值观的使然。

郑和第四次下西洋，自永乐十年（1412年）十一月十五日奉命，到次年冬天正始开洋，足足准备了一年的时间。这一次，郑和计划越过古里（印度半岛），开辟前所未有的新贸易航线，到达西亚与东非。

新航线的第一站，是忽鲁谟斯，即今霍尔木兹海峡北岸的伊朗东南米纳布附近。忽鲁谟斯扼波斯湾出口，为古代交通贸易要冲。元朝时，忽鲁谟斯属大蒙古国四大汗国之一的伊儿汗国。1292年，意大利探险家马可·波罗曾由福建泉州起航，护送一位元朝公主与波斯王（伊儿汗国可汗）成婚，泉州—忽鲁谟斯是元廷联络伊儿汗国的重要航线。郑和仍视这条航道为新航线，因为时过境迁，大蒙古国早已天翻地覆。

马欢在《瀛涯胜览》中，用了近两千字的篇幅介绍了忽鲁谟斯国，包括海程、辖境、气候、物产、种族、刑法、宗教、商业、货币、市镇、度量衡、奇珍异兽等。这些信息看似杂乱无章，其实半数以上与商贸或商贸活动有关，或曰"经济情报"。

忽鲁谟斯有盐山，拿个锄头过去挖挖就行，大明实行的是盐业专卖，如果千里迢迢来给人家赏盐，那就有点开玩笑了。忽鲁谟斯的商业化程度很高，"二三口之家多不举火做饭，止买熟食而契"。但是，大街上什么铺面都有，就是没有酒馆，因为喝酒是要杀头的。

忽鲁谟斯也是郑和航海文献中出现频率很高的地名之一，《明史·外国传·忽鲁谟斯》载：郑和前三次下西洋，所经诸国皆已入贡，但"远者犹未宾服"，明成祖乃命郑和持玺书前往诸国。所谓"远者"，即是指忽鲁谟斯。

郑和远洋，本来就包含政治、经济双重使命，但从郑和在忽鲁谟斯的实际经历看，经济的性质更加突出。郑和船队为什么在这里做生意呢？最直接的动因是这里有名贵宝石。

忽鲁谟斯地处亚、欧、非三洲之中，是中东地区的商贸集散地，更是当时世界上最著名的宝石交易地，宝石、金刚石、珍珠、琥珀、珊瑚、玉器及各种阿拉伯手工艺品，应有尽有。忽鲁谟斯稍微有点头面的人，如果脖子上不挂宝石、珍珠、珊瑚，臂腕上没有金银镯，简直出不了门。倘若看到有人腿上、脚上也套着金银镯，同样不必惊奇，"此富家之规也"。

忽鲁谟斯国使用金银货币，但费信《星槎胜览》又载：郑和船队在与当地人交易时，"货用金银、青白花磁（瓷）器、五色段绢、木香、金银香、檀香、胡椒之属"。

所谓"货用"，就是郑和带来的这些中国商品，可以当作货币这种等价物使用，即忽鲁谟斯国的"辅币"。郑和到忽鲁谟斯前准备了一年，各方面的研究是相当透彻的。

郑和在忽鲁谟斯，同样也实现了政治目的，为大明成功地招引到了朝贡贸易使团。从此以后，郑和使团来一次，忽鲁谟斯国就到大明朝贡一次。

郑和在忽鲁谟斯，并没有买完东西就走的意思，他在这里也建起了一个贸易基地。郑和下西洋时，主要建立了三个贸易基地：第一个是"海商辐辏之地"的满剌加（今马六甲），最后一个就是满剌加与忽鲁谟斯之间的古里。大明的这三个海外贸易区，辐射了三大洲的三十余国，突破了汉唐以来"丝绸之路"的贸易区域，形成的"海上丝绸之路"，为古代中国海外贸易区之最。

在随后的三次下西洋活动中，忽鲁谟斯都成了郑和船队的必经之地，并以此为基地完成了非洲与红海之行。

非洲，一直都似乎相对落后，郑和到非洲又能取得什么宝物呢？

4. 国家的祥瑞

郑和船队前往非洲，似乎有点无可奈何。

永乐十四年（1417年）十二月初十，郑和等第五次奉使西洋诸国。次年秋在长乐港等候季风到来时起航。这次下西洋的主要目的，是送占城、爪哇、锡兰山、柯枝、古里、苏门答剌、满剌加、彭亨、溜山、南渤利、沙里湾泥、忽鲁谟斯、阿丹、木骨都束、卜剌哇、剌撒、麻林等十八国使臣及旧港宣慰司使者返回，这是郑和下西洋外交意义上的又一主要使命。

郑和舰队离开忽鲁谟斯后，绕行阿拉伯半岛，到达了祖法儿（今阿曼南部的佐法尔）和阿丹（今也门亚丁港），这些对郑和来说已是全新的领域。

在祖法儿，郑和船队受到了热烈欢迎，国王遣派大臣告谕全国，前来与大明船队做买卖。当年，阿丹国王也亲自率各头领迎接郑和一行，亲自下令国人尽出珍宝前来交易。郑和在这两国采购了诸多香料、药材，并且直接与当地平民进行贸易。

这一次远航西洋诸国，郑和船队显然有预案在先。越过亚丁湾，郑和船队果断地向东航行，绕过非洲东北端的阿赛尔角和哈丰角，沿着索马里海岸驶向西南，前往木骨都束，完成一项新的西洋取宝任务。

木骨都束，即今索马里首都摩加迪沙。索马里地处非洲最东端，有"非洲之角"之称，是扼印度洋与地中海之间的战略要冲，今天屡上国际新闻的索马里海盗，其实这在索马里都属于"旧闻"。

上次的西洋之行，郑和可能也亲自到过木骨都束，但未见史料记载。这次出行前，木骨都束国的使者正在大明朝贡，明成祖便命郑和前往木骨都束赏赐。在后两次下西洋活动中，郑和也亲自或派使者来到了木骨都束。

大明如此重视木骨都束，明代的木骨都束究竟有什么样的独特之处呢？

郑和的随员费信曾写过一首诗，诗曰："木骨名题异，山红土色黄。久晴天不雨，历岁地无粮。宝石连珠索，龙涎及乳香。遥看风物异，得句喜成章。"

费信的诗大约写了三层意思：木骨都束人吃饭很成问题，宝石、香料倒是有的，风物更是与众不同。

木骨都束没有办法不"风物异"，赤道就是从他们家穿过去的，那里是典型的热带地区。

《星槎胜览》中，费信的描述更详尽一些：木骨都束人每天都在练武，一方面打人保卫家园，一方面打动物解决食物问题。

热带动物，对郑和很重要，因为这个原因，他还要多去几个非洲国家。至于木骨都束的龙涎香等香料、药材，获取它们没有必要跑这么远。商品的价值是由稀缺程度决定的，金钱豹、骆驼、羚羊、野鹿、斑马、犀牛、长颈鹿、大象、河马、鳄鱼等，木骨都束应有尽有，大明则几乎不见，并且它们在大明还有着特殊用场。

木骨都束之南是卜剌哇国，即今索马里的巴拉韦。卜剌哇与木骨都束现在已是一个国家，国情也是大同小异，费信为之写了另一首诗："卜剌邦濒海，无田种稻禾。树枝投入沼，碱水结为差。自古瓜茄乏，从来葱蒜多。异香兼异兽，感与一吟哦。"

这首诗中，卜剌哇好像比木骨都束更穷，但诗的主题也更突出——"异香兼异兽"，对郑和船队来说，这就是难得的西洋之宝。

以捕鱼为主的卜剌哇人，农作物"惟有葱蒜"之类，这也是特定生存环境下改善食物的需要。他们吃其他野生动物的机会也较多，但象牙、犀牛角的使用价值没研究出来，在卜剌哇不是奢侈品。卜剌哇与木骨都束的奢侈品，是羊皮做成的水袋——有时几年不下雨，不能拿生命开玩笑，有水喝比什么都重要。

在今索马里境内，郑和还到达了剌撒（今索马里西北部泽拉一带）、竹步（今索马里朱巴河口一带），发现了狮子与驼鸡（鸵鸟）。非洲之行的终点是今肯尼亚，时为麻林国（今肯尼亚马林迪）和慢八撒国（今肯尼亚蒙巴萨）。尽管非洲诸国的野生动物种类相近，最终却以一头麻林国的长颈鹿轰动大明，成为"名垂青史"的著名动物！

长颈鹿即"麒麟"，至少这是明代人的观点。台北故宫博物院珍藏《瑞应麒麟图》，出自翰林院侍讲学士沈度（1357—1434年）之笔，图中麒麟即是长颈鹿。无论是史料还是文物，古代中国麒麟的形象，始终让人眼花缭乱。

中国传统的瑞兽，《礼记》云"麟凤龟龙，谓之四灵"，麒麟的地位比龙还高。但是，在大明之前的两千年里，都没有人真的见过麒麟。最后见过麒麟的人，当是圣人孔子。

据《春秋》记载，鲁国贵族叔孙氏的家臣钥商打伤麒麟的左脚，抓获了一只，孔子看到后哗哗地流眼泪，泪水湿透了身上的衣服。子贡问：老师您为何这么伤心？孔子曰：麟之至为明王也，世道不对，麒麟才受到伤害，我能不痛心疾首吗？！

从此，孔子难过得再也不写书了。

是的，麒麟出现，就意味着明君再世，天下太平。麒麟见害，还有什么比这更悲剧的呢？

拿动物当神，古代全世界人民都这么认为。古代世界，国与国之间象征联盟、屈服或和平条约的礼物，就有一些奇异动物，"动物外交"是各政权之间重要的沟通手段。早在公元前86年，恺撒凯旋时除了带着埃及俘虏，便有各色珍奇动物。

罗马人曾惊奇地看到一座移动的"塔",这"塔"即是长颈鹿。这头长颈鹿被放进了罗马斗兽场,成了一头狮子的美餐。这下坏了,恺撒遭遇不测被刺杀,西罗马帝国随之灭亡。长颈鹿的生死与恺撒的生死,能有什么因果?现代人认为毫不相干,古代人认为绝对有关,远隔时空也没办法争论。

其他"进口"动物,意义也挺非凡。明代天启朝的吏部尚书赵南星,不仅是个高官,还是一位幽默大师,其笑话集《笑赞》中有则大象的故事:安南国的使臣向大明皇帝进贡大象,一路上吸引了不少人观看。一个看热闹的人以不屑的口气说:"这象太小了。"这话恰好被使臣听到,使臣不服:"这象怎见得太小?"那人回答:"我家养了很多象,都比这个大。"使臣道:"皇家才有资格养大象,你家怎么会有?我马上上奏大明皇帝!"此人一听,跪地叩头:"我家没象,只是说句大话儿!"

这话确实够大,跟现今说扯起帆蓬驾着航空母舰下河捕鱼差不多。并且,十分犯忌!

麻林国进献麒麟的时间,是永乐十三年(1415年)。《明成祖实录》记载:"永乐十三年十一月庚子(初七),行在礼部尚书吕震奏:'麻林国进麒麟将至,请于至日率群臣上表贺。'"

"将至",就是麻林国的麒麟还在进京的路上。这个时候,礼部尚书吕震即建议明成祖准备盛大的欢迎仪式。

明成祖没有吕震那么激动,作为"宗主国",皇帝率满朝文武去恭迎一个动物,感觉哪里都不太对劲。明成祖对吕震说:"麒麟有无,何所损益。"

麒麟有无与国家兴盛的因果关系固然不能颠倒,但以祥瑞再世激励人心同样重要,明成祖确是一位充满智慧的贤明君主。

十一月十九日,传说中的瑞兽"麻林国及诸番国进麒麟、天马、神鹿等物"如期抵达京城,明成祖则亲自在奉天门主持接收仪式。各国使臣在大明御林军的护卫下,沿街前往奉天门。冬天的京城万人空巷,万邦来朝的盛况随着动物的露面而达到顶点,户部尚书夏元吉、大学士金幼孜,纷纷赋诗作文,群臣目睹麒麟后的共同观感,是一致称颂明成祖"圣德广大,被及远夷,故致此嘉端"。

其实，麻林国并非第一个贡献"麒麟"于大明的。金幼孜《金文靖集》载："五六年间，麒麟三至京师。"榜葛剌国、阿丹国等，即在麻林国前后进献了长颈鹿。并且，时间也在郑和第四次下西洋前后。

大明已经有了麒麟，郑和其后的三次远行，为何仍要督促沿途诸国"麒麟贡"呢？

动物太少必定孤单，而"万国来朝"前后，大明王朝正在实施的大事就是迁都。自永乐元年（1403年）动议，经过十余年全面的建设，永乐十四年（1416年）正式付诸实施，至永乐十八年（1420年）基本完成。新都城不能只有空荡荡的房子，郑和西洋取宝就是为了充实内苑。

为避免寒酸而花钱，这也不是公允的观点。两次给大明进贡长颈鹿的南亚榜葛剌国，并不产长颈鹿，说榜葛剌拿本国不值钱的东西，"套取"大明的高回报，那就有点诬蔑了。榜葛剌国进献的长颈鹿，是今埃及、叙利亚地区的马穆鲁克王朝苏丹巴斯拜赠送的。此时蒙古人和奥斯曼土耳其人正在崛起，不断对其国发起攻击。没有办法，马穆鲁克王朝苏丹只好派使者送长颈鹿给帖木儿国、榜葛剌国等。榜葛剌将长颈鹿转赠给大明，意思与马穆鲁克王朝是差不多的，表达出自己的友好之意。

可以用时代的眼光展望未来，但不能以时代的眼光怀疑过去。郑和下西洋带回"麒麟"，不是讲排场与形象工程。一个大国精气神的象征，脱离不了特定的历史环境。

5. 海天中的马尔代夫

郑和西洋取宝，五次经过马尔代夫。非洲航线开通后，马尔代夫更成为郑和下西洋的远航中转站。

今天的马尔代夫，以珊瑚礁和阳光沙滩闻名于世，旅游业是国家的第一支柱，美景尤令全世界的游客心驰神往。但是，即便是今天，真要到这个印度洋国家享受阳光沙滩，依然不是一件太容易的事情。"心中有海，哪里都是马尔代夫"，捉襟见肘的经济问题不能解决，只能展开想象的翅膀。

郑和眼里的马尔代夫，远不是今人印象中的样子。这个由一千二百余个小珊瑚岛屿组成的岛国，地势低平，平均海拔一米二，八成国土在一米以下，名副其实的水天一色，并且是时常露出恐怖色彩的水与天。

明代的马尔代夫，为溜山国，亦作溜山洋国。明朝史料中的西洋国名多为音译，溜山国则是一种意译。古汉语中，"溜"指的就是迅急的水流。

溜山国到处是"溜"，马欢《瀛涯胜览》曰："（溜山国）有八大处，溜各有其名：一曰沙溜，二曰人不知溜，三曰起泉溜，四曰麻里奇溜，五曰加半年溜，六曰加加溜，七曰安都里溜，八曰官瑞溜。此八处皆有所主，而通商船。再有小窄之溜，传云三千有余溜，此谓弱水三千，此处是也。"

同是海水，溜山国的海水又有什么特别之处呢？当然在其"溜"。

印度洋是一个热带的大洋，水温与气温都比较高。印度洋南部洋流较为稳定，终年维持逆时针环流，由南赤道暖流、马达加斯加暖流、西风漂流和西澳大利亚寒流组成。印度洋北部洋流则随季节的变化而变化，冬季受东北季风影响形成逆时针环流，夏季受西南季风影响又变成顺时针环流。溜山国岛屿间及周边海洋流，约六个月向东六个月向西，具体变换时间很难预测。

溜山国地质地貌的形成，是因古代海底火山爆发，在火山岛基础上发展成珊瑚岛。水上水下，礁岛林立。

巩珍《西洋番国志》曰："（溜山国）古传弱水三千……行船者或遇风水不顺，舟师针舵有失，一落其溜，遂不能出。"

"弱水三千，只取一瓢饮。"这话似禅语，又显境界。但《西游记》中一首描述流沙河险要的诗是这样写的："八百流沙界，三千弱水深，鹅毛飘不起，芦花定底沉。"古人的认知比较有限，认为正常的水是"硬"的，可以载托舟楫。汪洋浩荡的江河湖海险恶之处，是连鹅毛都托不起的"弱水"，科学意义上的"浮力"，不是传统文人研究的"课题"。

马欢、巩珍等不是普通意义上的文人，他们都是具有航海实践的知识分子。其所称的"弱水"，已经涉及科技的边缘，指的就是海流突然变换流向，形成巨大的海域漩涡。马欢《瀛涯胜览》又载："设遇风水不便，舟师失针舵损，船过其溜，落于泻水，渐无力而沉。"

地航常用的指南针工作前提是地球磁场的存在。溜山国位于赤道附近，地球的N极、S极不明显，磁性指南针在这里找不着南，也找不着北。

溜山国及其周边的海域，大体可以形成这样一个印象：传统时代航海家最害怕的，这里都可能发生；主要的航海技术，这里都可能用不上；发现危险来临时，溜山国的避风港也比他国难觅。这就叫"恐怖"！

好在郑和船队有当时齐全而先进的技术设备，技术人才也应有尽有，事先对航区也有充足的调研，基本上都能从容应对，不至于造成海难。

但是，意外总是有的。郑和船队访问溜山国，目的多是横穿印度洋，驶向非洲东岸。通常情况下，船队都是在稳定的海风中犁海而行，可是这里一会儿东北风，一会儿东风，一会儿北风，很难找出稳定的规律，海洋气象比较复杂。

这一天，阴阳官猛然发现，东方天际出现一条低黑线。郑和立即意识到，海上风暴马上要来了。

郑和刚命令各船降下风帆，黑色的天幕就拉过了头顶，瞬间大海上一片漆黑，暴风的尖叫声也压过了指挥的螺号。巨浪排山而来，暴雨倾盆而下，每一道闪电，带给官兵的都是一次心惊肉跳。

郑和命令各船掌稳船舵，船头迎击惊涛骇浪。然后，命令行船在舱内点燃香烛，祈祷天妃娘娘显灵拯救。

拯救大明船队的希望，押在天妃娘娘身上？没错。天妃即妈祖，中国沿海地区及东南亚的航海保护神，也是由宋至清国家祭典中与黄帝、孔子并称的"三大神明"。黄帝为华夏始祖，华夏民族共同的祖先。孔子为儒教始祖，儒家思想是传统中国的主流思想。妈祖为何与黄帝、孔子相提并论呢？

妈祖是"三大神明"中最晚出现的一个，迄今为止不过千年。最早的妈祖文献，是南宋绍兴二十年（1150年）廖鹏飞《圣墩祖庙重建顺济庙记》，"里中巫"身份的林默娘是妈祖信仰的原始形态，她能言人间祸福。济困扶危、治病消灾的林默娘死于海难，被地方民众立庙祭祀。北宋宣和五年（1123年），朝廷派正使路允迪出使高丽国（今朝鲜）途中船只遇险，获圣墩之神（妈祖）护佑化险为夷，宋徽宗为圣墩庙颁赐"顺济"庙额，这是妈祖首次受到朝廷的褒奖。

南宋时期，航海地位日益抬升，妈祖先后被朝廷加封"夫人""妃"，完成了从地方神到全国女神的转变。元朝的海运决定着国家的命运，妈祖进一步升格为"天妃"，成为与天等高的帝国护卫神。明洪武五年（1372年），明太祖封妈祖为"昭孝纯正孚济感应圣妃"。永乐七年（1409年），明成祖褒封妈祖为"护国庇民妙灵昭应弘仁普济天妃"。从民间女子到"夫人"，从"夫人"到"妃"再到"天妃"，妈祖信仰从出现直至无与伦比，体现出内生性大国的海洋意识不断凸显与跃升。

南京龙江天妃庙，即是大明为下西洋而特意修建，这在郑和及大明下西洋人员中的意义重要而复杂。随郑和下西洋的僧人胜慧曾刊刻过《天妃经》。每一次远航前或归航后，郑和都要率舟师官兵举行隆重的祭祀仪式，祈求天妃娘娘保佑大明官兵，西洋取宝一帆风顺。

特定的历史时代，宗教是医治人类心灵的最好良方。烛光之中，天妃显灵，阳光重新照射过来，大海渐渐恢复平静。

自然风险异常的溜山国，是否值得观光呢？大明有的是奇山异水，溜山国只能让当时的人大跌眼镜。

马欢《瀛涯胜览》载："（溜山国）人皆巢居穴处，不识米谷，只捕鱼虾而食，不解穿衣，以树叶遮其前后。"

明白了吧？住，吃，穿，都是中国几十万年前的旧石器时代早期有巢氏的风格。回归大自然，需要在一定程度上征服大自然。存在决定意识，明朝人是不会拿马尔代夫当旅游区的。

倘若意犹未尽，再看费信《星槎胜览》的记载："（溜山国）亦有人聚，巢树穴居。不识米谷，但捕海中鱼虾而食。裸形无衣，惟结树叶遮前后也。"

溜山国接近原始状态，唯有一样达到了现代旅游区的水平。《瀛涯胜览》载："（溜山国）有一等织金方帕，与男子缠头，价有卖银五两之贵者。"买个"旅游纪念品"即花五两银子，这在大明可以买十石（九百四十四公斤）大米。

在如此贫穷落后的溜山国，郑和船队能采集的西洋宝物，就是龙涎香和椰子。但这样的地方又不能绕开，仅此而已。

6. 西洋宝物都去了哪

历时近三十年，往来三十余国，郑和七下西洋从事的海外贸易，成果无疑是惊人的。郑和取回的宝物，大概是一个什么概念呢？

先看一笔收入账。明王世贞（1526—1590年）《弇山堂别集》载："内官监太监郑和，以永乐四年率师二万七千人驾海舶斋敕谕金帛行馈西洋，琐里、暹罗等三十余国皆随使入朝，所奉献及互市采取未名之宝以巨万计。"

"巨万"，极多的意思。古代文人，都喜欢用形容词，不习惯用数量词，记物如此，涉及人命的记录同样是这样。张献忠在四川杀人，《明史》记载是"杀男女六万万有奇"。"六万万"就是"六亿"，当时全国也没有这么多人。没办法，古代文风大体如此，不是写文章的人故意撒谎造谣。

再看一笔支出账。明严从简《殊域周咨录》载："（刘）大夏在旁对曰：三保（郑和）下西洋费钱粮数十万，军民死且万计。纵得奇宝而回，于国家何益！"

"数十万"，支出明显太小。刘大夏时任车驾郎中，无法掌握郑和取宝的总体情况，他说的"数十万"作为下洋官兵的粮秣费用，应该还是相当准确的。

王士性（1547—1598年）《广志绎》的记载，则更具体一些："国初，府库充溢，三宝郑太监下西洋，赉银七百余万，费十载，尚余百余万归。"

"赏赍"与"白送"，是两个不同的概论。白送是有去无回，赏赍即赐赍贸易，是礼尚往来，对方回赠的款物一般与之相等，或者略少。预算七百余万，结余百余万，赏赍总额即六百万两白银，可以视作郑和西洋宝物的价值，但只是一部分。

郑和西洋取宝的另一种方式，是双方直接互市。这种互市贸易，遵循的是等价交换，回到大明则升值数倍，其中的苏木升值即达到了五十倍。如果郑和西洋取宝活动中，互市贸易与赐赍贸易额大体相当，西洋宝物的总价值应该超过一千万两白银。可惜，这个数额无法统计，只能向王世贞前辈学习，用"巨万"一词予以形容。

具体都是些什么宝物呢？记载在《明史·外国传》四至七中的贡品主要有：

琉球国：硫黄、乳香、胡椒等；

婆罗国：袄增、玛瑙、珠、白焦布、花焦布、降真香、黄腊、黑小厮等；

占城国：象牙、伽南、犀角等；

暹罗国：胡椒，苏木等；

爪哇国：大珠、胡椒等；

三佛齐国：诸香、苾布、龟筒、米脑等；

满剌加国：玛瑙、珍珠、玳瑁、珊瑚树、琐服、白芒布、西洋布、撒哈剌、犀角、象牙、片脑、蔷薇露、苏合油、栀子花、乌爹泥、沉香、速香、金银香等；

苏门答剌国：宝石、玛瑙、水晶、石青、回回青、龙涎香、沉香、速香、木香、丁香、降真香、刀、弓、锡、锁服、胡椒、苏木、硫黄等；

古里国：宝石、珊瑚珠、琉璃瓶、琉璃枕、宝铁刀、拂郎双刃刀、金系腰、阿思模达涂儿气、龙涎香、苏合油、花毡单、伯兰布、苾布等；

柯枝国：珊瑚、宝石、水晶、乳香、木香、树香、檀香、没药、硫黄、藤竭、芦荟、乌木、碗石等。

郑和下西洋带回的"西洋宝物"名目繁多，其中不乏奇珍异宝。永乐十九年（1421年），苏禄国贡献的一枚大珠重达七两多；明使臣于阿丹市场采购一颗猫眼宝石重二钱许，还有数株高二尺的珊瑚树等。

贡品中还有异兽珍禽，来自占城、真腊、暹罗、三佛齐、爪哇、苏门答剌、阿丹、忽鲁谟斯、麻林等国的犀牛、麒麟（长颈鹿）、狮子、黑熊、驯象、天马、骆驼、神鹿、白猴、孔雀、五色鹦鹉、火鸡、驼鸡（鸵鸟）等。胡椒、苏木、布匹、香料等贡品数量巨大，阿丹国曾一次贡胡椒七万五千斤。这些"西洋宝物"无法计价，只能估量。

价值"巨万"的西洋宝物，最终都去哪儿了呢？这个问题相当复杂，对去向的认识不同，自然也会得出截然不同的结论。

反对郑和下西洋的代表人物是"二夏"：刘大夏认为宝物再多于国家无益，夏原吉认为宝物奢靡于国家有害。就"财政专业"而言，夏原吉是户部尚书，属于内行；刘大夏是兵部郎中，属于外行。常理上讲，应该夏原吉正确。事实上，刘大夏是正确的。

正确的原因，是西洋宝物进了"内库"，而不是"国库"。后世疑议郑和下西洋的诸多文人，立论的依据就在这里。

明朝的内库与国库有什么区别呢？看看明正德皇帝朱厚照的故事就知道了。

朱厚照通常被视为荒诞不经的明代帝王，其实这位皇帝很有个性，最大的缺点是生活奢靡。"普天之下，莫非王土"，这话极易让包括帝王在内的多数人思维错乱。皇帝固然拥有天下，但天下的钱其实并不是他个人的。数千年里，中国政治文明的成果也是丰硕的。单就明朝而言，国家的公务支出乃出自国库，由户部管理；皇帝的生活支出只出自内库，由太监管理。正德皇帝是个伟大的"剁手"，也就成了缺钱的皇帝，弄得该买衣服时竟找不到钱。

正德元年（1506年）九月，皇帝要添置龙衣，太监崔杲头都大了——内库没钱。"能用钱解决的问题都不是问题"，这话说起来很轻松，但千万不要忘记，中国更深刻的一句话，叫作"有钱能使鬼推磨"，历史不是官僚主义推动的。

没有钱买衣服，难道让正德皇帝穿"皇帝的新装"？没办法，崔杲只好硬着头皮去找到户部尚书韩文，要求追加"财政预算"。结果，韩尚书竟一口回绝：这事不归我管！

太监崔杲白跑了一趟，正德皇帝便请内阁出面协调。结果，三个内阁大臣众口一词：皇帝买衣服在国库报销，不符合制度。最终，正德皇帝好说歹说，户部才同意将剩余的盐引（相当于有价证券）拿出一部分，让太监跑到市场上变现。至于现钞，还是不能给的。

吃了"制度"的亏，正德皇帝只好开店做生意，皇店名曰"宝源""吉庆"等。一年下来，能赚个八万两银子。这些银子，全部进入皇帝的内库，皇帝想怎么花就怎么花，户部管不着，皇帝也不用求户部了。

郑和下西洋挣回的宝物，是否也进入了内库呢？答案是肯定的。

但是，永乐时期不是正德时期，内库中的西洋宝物，并不属于明成祖个人或皇室所有。

明成祖国事上花钱"大手笔"，却不是朱厚照那样的挥霍之主。《殊域周咨录》载：有一次，明成祖让尚书蹇义书写圣旨，蹇义不小心写漏了一个字。明成祖说：此纸难得，你就在旁边加一个字吧！

更重要的是，明初与明中后期的国库体系，完全是不一样的。明初只有内库，没有后来所谓的"国库"，内库即是国库。内库共分十库：

内承运库，贮缎匹、金银、宝玉、齿角、羽毛，户部管理；

广积库，贮硫黄、硝石，工部管理；

甲字库，贮布匹、颜料，户部管理；

乙字库，贮胖袄、战鞋、军士裘帽，兵部管理；

丙字库，贮棉花、丝纩，户部管理；

丁字库，贮铜铁、兽皮、苏木，户部管理；

戊字库，贮甲仗，工部管理；

赃罚库，贮没官物，户部管理；

广惠库，贮钱钞，户部管理；

广盈库，贮纻丝、纱罗、绫锦、䌷绢，工部管理。

西洋取宝

此外，还有贮各衙门管钥亦贮钱钞的天财库，贮粳稻、熟米及上的供用库等。

永乐时期内库（内承运库），是一个以负责国家公共事务为主，皇室收支为辅的机构。直到正统元年（1436年），内承运库才由户部管理改为太监管理，资金除发放京中的武将俸禄外，剩下的作为皇帝御用财产。皇室费用，皇帝给人发奖金，都从这儿出。

郑和下西洋带回宝贝的去向，与永乐时期内承运库的职能应该是一致的：西洋物品中相当多的一部分，变卖后用于国家公共事务；珍禽异兽自然充实皇家内苑，奇珍异宝也多成为御用。明定陵出土的一些器物，很可能就是郑和下西洋带回的宝物。在湖北梁庄王墓中，则确凿地发现了郑和带回的西洋诸宝。

朱瞻垍（1411—1441年），明成祖之孙，永乐二十二年（1424年）被册封为梁王，宣德四年（1429年）就藩安陆州（今湖北钟祥），正统六年（1441年）病逝，谥庄王。

梁庄王墓出土文物，计达五千三百余件，用金量十六公斤，用银量十三公斤，用玉量十四公斤，各种镶嵌宝石七百余颗，红宝石、蓝宝石、祖母绿、金绿宝石等产地皆不在国内。墓中一块金锭铭文曰："永乐七年四月□日西洋等处买到，八成金壹锭伍拾两重"，即为郑和从西洋带回。

据称，这枚金锭及相关珠宝，为郑和使团中的副使王景弘所进。但其来自明成祖或洪熙帝的赏赐，可能性更大些。

历尽千难万险，郑和远涉重洋，取回的西洋宝物就这样埋入了地下。刘大夏说郑和下西洋"纵得奇宝而回，于国家何益"，不能不引起持续的共鸣。

但是，整个封建专制时代，除了开国帝王与末代帝王，又有几个帝王跻身平民呢？同是"反对派"的夏原吉，观点与态度即比刘大夏更为客观全面些。夏原吉每年都要"谏阻奢靡事百件"，既包括郑和下西洋，也包括宫廷开支与藩王用度。文臣对皇权的制约，毕竟是有限的，本质上必须依赖政治制度的进步，夏原吉为此蹲了几天大牢，仅仅是他个人人格上的光辉。

对郑和来说，能够下西洋挣得奇宝而回，即是不辱使命。

路在何方

大明雄主明成祖，一生五次亲征蒙古，每一次都凯旋，无疑也每一次都"疗效"甚微——从逻辑上来说，如果真的有一次完胜了对方，后面的举动就显得多余。

农耕民族与游牧民族的特点，决定了大明与蒙古势力之间矛盾的长期性。农耕民族需要稳定，地不种则荒，人人都喊"搬家三年穷"。流动性则为游牧民族所必需，一个地方待长了，牲畜连草根都会啃没了。中国数千年的历史里，几乎每个王朝都为这个问题脑袋发晕。多数历史条件下，游牧民族南下侵扰都没有明显的政治企图，打家劫舍的特征相当突出。在没有太大风险的情形下，抢劫就是最好的营生。

明永乐二十二年（1424年）正月，鞑靼阿鲁台出兵扰袭大同、开平等地。扰袭，就是打了就跑的意思。明成祖震怒了，立即调集山西、山东、河南、陕西、辽东五都司之兵，再度御驾亲征。六月十七日，明军追至答兰纳木儿河（今蒙古境内之哈剌哈河），仍不见阿鲁台的人马。家什一卷，骑上马就跑，游牧民族的流动性，想多利索就多利索。

劳师动众，想打找不着对手，这种结果没有出乎群臣的预料。早在明成祖第四次御驾亲征时，即有人反对。大臣不是比明成祖英明，而是在算一本经济账：如果有人抢了你一百块，你花两百块的成本去追，追到了又能怎么样呢？

这就是不同层次思维上的差异。危及社会安宁和江山社稷的事，明成祖是不能容忍的。无功而返，明成祖又实在于心不甘，他令明军搜索了答兰纳木儿河周边三百余里，依然未见阿鲁台部的踪影，这才下令班师。

明成祖长期身患多种疾病，七月十八日，明军行至榆木川（今内蒙古多伦西北）时，明成祖悄然病逝，庙号太宗（后改为成祖）。永乐时代结束了，继位的新君将为大明带来怎样的气象？

1. 减肥不成功的胖子

顺利登上皇帝宝座的，是明成祖长子朱高炽。朱高炽（1378—1425年），明成祖长子，明朝第四位皇帝，年号洪熙，庙号仁宗。

朱高炽是第一个在天安门城楼上举行登基大典的明朝皇帝，从这个意义讲，北京紫禁城的第一位主人也非他莫属，历史舞台上应该有所作为。爷爷与父亲都是一代雄主，朱高炽也能成为雄主吗？怎么看也怎么像。明仁宗红光满面，体大腰圆。朱高炽够雄伟，走路都得两个人扶，因为实在是太胖了。

明仁宗朱高炽的人生中，"减肥"不仅关乎身体，而且事关事业、前途。明仁宗没上台前，父亲逼着他减肥。不能上马开弓，下马治国，一个大国交给走路都靠人扶的人，朱棣实在不放心。尽管没有明显成效，但朱高炽是嫡长子，天生就是接班人。

明仁宗上台后，自己主动"减肥"。不过，这时重点不是减身上的肉，而是要做的事。

明成祖上台时，又是编书又是打仗，又是迁都又是下西洋。明仁宗上台后书早编好了，仗也没得打了，轰轰烈烈下西洋的事，他说不干也就不干了。

罢黜下西洋，其实只是朱高炽事业"减肥"的一个部分，最为突出的是改组内阁。

此前的内阁主要是个咨询机构，处理政务还是靠皇帝。但是，术业有专攻，公务处理的实际能力，理论上文臣应该是超过皇帝的。朱高炽重用"三杨"（杨荣、杨士奇、杨溥）等辅政，让内阁大学士实质性地参与决策，负责重大国事的处理。这是明太祖废除丞相制后，明朝政治体制上的又一进步，也是朱高炽在工作量上给自己"减肥"。

官员队伍的"肥胖"问题，也纳入了朱高炽事业"减肥"系列。人生七十古来稀，自然规律是不以人的意志为转移的。朱高炽说七十岁爷爷级的官员，工资越拿越多干事越来越少，干脆一律退休回家。年纪不大不用心干活，或心思不在工作上的冗官，该裁撤的裁撤。对百姓的"减肥"是减免赋税，受灾交不起税而逃亡者，重新定居不仅过去的事不提，税赋与劳役再免两年……

但是，任何"减肥"药都会有副作用，即便是科技高度发达的今天，声称自己的减肥产品有百利而无一害，仍然可视为商业欺诈。明仁宗停止郑和下西洋活动，结果也是可以预见的。

明仁宗登基之际，正是郑和六下西洋返回之时，副使王景弘已先期回国。《明仁宗实录》载：永乐二十二年（1424年）八月初五，"命太监王贵通率下番官军赴南京镇守，宫中诸事同内官朱卜花、唐观保，外事同驸马都尉西宁侯宋琥、驸马都尉沐昕计议而行"。

诏书中的"王贵通"即王景弘，"赴南京镇守"是对王景弘所率下西洋官兵的安排，不是对王景弘新的职务任命。

八月十五日，明仁宗即位诏正式发布，诏书中的一款云："下西洋诸番国宝船悉皆停止，如已在福建、太仓等处安泊者俱回南京，将带去货物仍于内府该库交收。"

朝廷正式决定停止下西洋，不是明仁宗对下西洋活动的否定，而是其"减肥计划"的一部分。明仁宗是位具备勤俭美德的帝王，任命王景弘镇守南京，既是令他收束各处下西洋官军，也是可利用这支武力镇定南畿重地，包含一举两得的意思。

永乐时代，郑和的全部心血就是六下西洋。罢黜下西洋，郑和率大队回国后又将怎样安排？是该回到宫中继续管理御用鞋帽，还是干脆退休？都不是，明仁宗给了五十五岁的郑和一个新的任务。

《明仁宗实录》载：洪熙元年（1425年）二月，明仁宗"命太监郑和领下番官军守南京，于内则与内官王景弘、朱卜花、唐观保协同管事；遇外有事，同襄城伯李隆、驸马都尉沐昕商议的当，然后施行"。

明仁宗命王景弘"赴南京镇守"，命郑和"守南京"，二者又有什么区别？没有，都是对下西洋官军的安排处置，不是对郑和的职务任命。

明仁宗的运气不是太好，洪熙元年（1425年）春，南京屡奏地震。自己刚上台就发生这样闹心的事，会不会是上天或祖宗有什么不满意？明仁宗谕廷臣："南京国家根本之地，灾异如此，天戒可畏。朕当亟往，但皇考新复山陵，何忍遽违？"

南京是大明名义上的首都，新皇帝应该亲自去一趟，但父亲刚刚去世，明仁宗又抽不出身，实在是纠结。群臣建议，可以命亲王或重臣"往守"。明仁宗沉思良久，最终果断拍板："非皇太子不可！"

就这样，在命郑和"守南京"的次月，明仁宗"命皇太子往祭皇陵、孝陵，就留守南京"。

对太子、郑和、王景弘的安排看起来挺简单，其实明仁宗的治国理政思路非常复杂而缜密，以致后世史学家没有看懂，正史上有点乱写一气。

《明史·职官志》云："洪熙元年，以郑和领下番官军守备南京，遂相沿不改。"《明史·郑和传》亦云："南京设守备，自（郑）和始也。"

《明史》将"答案"蒙对了，"论证"过程全是错的。明仁宗对郑和、王景弘的实际安排并不是这样，后来一系列重大事件意外发生，最终造成了这种结果。

明初并无"南京守备"，这是仁宗朝之后一个新设的官职，也是个很大的官位。作为大明名义上的首都，"南京军区"十分庞大，"军区首长"即南京守备，一个是襄城伯李隆，一个即是郑和。襄城伯李隆是"外守备"，太监郑和是"内守备"，两者有不同的职责划分。郑和担任的"南京守备"，与明朝中后期常见的太监监军，完全是两回事。

"外守备"李隆是襄城伯，"内守备"郑和只是太监。依照明代的官制，太监"封顶"的品级只有正四品，这内外"南京守备"的职级差别也太大了。没关系，正四品的太监可以着"公侯服"，"政治待遇"可以是一样的。《郑和家谱》等称郑和获封"公侯"，明朝不会有这种事，但郑和走在大街上，市民拿他当"侯爷"也不能算眼拙。

在南京，郑和的日子其实很清闲，明仁宗打压郑和也是谈不上的。但那两万多久历风浪的水兵，就没有那么快活了：每天下工地，天天背砖头，修建南京城墙。更惨的是郑和下西洋的宝船：烧了！

这不是浪费吗？不浪费，不下西洋，这些船只就派不上用场。而船只的维修费，实在太高，两年的维修费等于新造一艘船。

胖子洪熙皇帝，难道又是个败家子？其实也不是，他是个很会过日子的皇帝，这一点甚至强过他爹。洪熙皇帝的奇妙安排，答案也会很快揭晓。

《明通鉴》载：洪熙元年（1425年）三月，"帝欲还都南京，诏北京诸司悉称行在，复北京行部及行后军都督府"。

"南北供亿之劳，军民俱困"，明仁宗在安置下西洋官兵时，已有还都南京之意。命太子前往留守，是令其先为预备之意。皇太子留守南京，李隆与郑和都没有资格担任"南京守备"的。在车驾即将南旋的特殊时期，明仁宗令郑和所率的下西洋官军"守南京"，是为了保障京师的安全与稳定。

还都南京，操作层面并无太大的难题，因为此时的北京仅为"行在"，不是"法定"意义上的首都。"行在"，指的是皇帝巡行所到之地。明成祖迁都北京，并没有完成所有的"法定"程序。明成祖最初让迁到北京的各衙门，"公章"上全都加有"行在"二字，后来虽说去掉了"行在"二字，但大明的首都是南京并没正式变更。现在洪熙皇帝又让北京各衙门重新加上"行在"二字，这意思就是要把首都再变回来。

老子迁都，儿子还都，并且说迁就迁。《明仁宗实录》："（洪熙元年四月）敕南京太监王景弘曰：'朕来春还京，今遣官匠人等前来，尔即提都将九五殿各营院凡有修漏之处随宜修葺，但可居足矣。不必过为整齐，以重劳人力。'"

宫殿修葺方面，胖子皇帝也都想到了"减肥"问题，不许大兴土木。平心而论，中止郑和下西洋的洪熙皇帝，不失为大明的优秀当家人。朱高炽生性端重沉静，仁爱儒雅，为人宽厚，与民休息，都是非常难得的。

开启"仁宣之治"的朱高炽，也不可能毕其一生都用来"减肥"，认为郑和下西洋已经终结还为时过早。可惜的是，朱高炽实在太胖了，身体与国事上的"减肥"最终都成了未竟之业。

洪熙元年（1425年）五月，即位仅十个月的明仁宗朱高炽"无疾骤崩"，享年四十七岁。

"无疾"就是病因不明，或不便说明。《明仁宗实录》《明史·仁宗纪》等史料中，皆对朱高炽的死因只字未提。朱高炽死因中，有个挥之不去的人物叫李时勉，这位历仕建文、永乐、洪熙、宣德、正统、景泰六朝的官员，经历离奇曲折，特别是说话，总是让人一惊一乍。永乐十九年（1421年）宫中三殿失火，李时勉上书说这是上天的报应，结果惹火了明成祖。朱高炽上台后，李时勉批评其"嗜欲"，并且还是在为明成祖朱棣服丧之时。这问题提的，显得相当上纲上线。

"嗜欲"比好色之徒还难听，公开回复也不方便，朱高炽便将李时勉召到便殿，准备私下谈心，让其以后别这么口无遮拦胡说八道。但李时勉顿时来了精神，与朱高炽当场顶撞起来，朱高炽气得差点吐血，命人打断了李时勉三根肋骨。

明仁宗病重时，仍对夏原吉说："李时勉在朝廷上侮辱我。"不是李时勉刺痛其内心深处，朱高炽绝不会如此耿耿于怀。

朱高炽因何而死，极可能是肥胖导致的心脏病，胖子的猝死完全在情理之中。李时勉激怒朱高炽，可能是个重要诱因。

又要换皇帝了，郑和能够重下西洋吗？新朝自有新政，新朝自有得失，人治的背景下，历史的车轮又要轧人了，并且往往轧错人。

2. 大明铁算盘

重下西洋，几乎不可能。因为主张罢黜下西洋并不是明仁宗一个人的观点。其中的核心问题，就是一个"钱"字。没有足够的财力，是什么事都干不成的。

明成祖在位二十二年，干了无数惊天动地的大事，靠的就是"不差钱"。修撰《永乐大典》，计 22937 卷，11095 册，约 3.7 亿字，耗时 6 年多，动用朝野上下专业人员 2169 人。《永乐大典》用一句世界最大的百科全书即可概括，"工本费"也是算不清的。

南征安南，明军征讨兵力即达八十余万，时间一年多，单是耗费粮食即过亿斤，军需物资与伤亡人员抚恤方面的账，真算出来肯定又要吓死一批人。

北击蒙古，明成祖御驾亲征即达五次，单是这笔"国防预算"，想必蒙古人看了也要被吓个半死。

郑和下西洋，大规模的下西洋是六次，一次耗银即达百余万两，还不包括间接费用。

迁都北平，北平虽是元朝的旧都，战争之后的旧都改为京城，基本上是新建。迁都又必须重开大运河，又是一个"世纪工程"……

明成祖一生的"大手笔"，钱的问题只能想象，或用"天文数字"加以形容。

庞大的财力从何而来？因为大明有一把"铁算盘"。

这把"铁算盘"，即户部尚书夏原吉。

夏原吉是个奇才，也是个怪才。户部的职能是替朝廷理财，大明两百余年间，户部尚书有两百多人，平均任期约为一年，其中夏原吉一人就干了二十七年，简直是一个奇迹。至于他具体怎么干的，内容太专业，看起来也枯燥，这里就不细说了，知道他干成也就行了。

夏原吉（1367—1430 年），字维喆，湖南人。夏原吉自幼记忆力特强，学业优异，从而被地方选送至国子监深造。太学里的学风不是太好，一些"荫生"是靠家庭背景进来镀金的，学习上不是很用功。有一天，明太祖朱元璋悄悄到国子监视察，太学生们净在那里海阔天空地扯淡，明太祖一下气就上来了。再转眼一瞧，气又消去了不少。明太祖发现，有个学生端坐在位子上，别人聊天，他只管读书，这人就是夏原吉。

受到明太祖的赏识，夏原吉在洪武朝即被提拔为户部主事。在建文朝，夏原吉同样受到建文帝的重用。朱棣攻下南京后，建文朝的官员纷纷到其面前表示归顺，表达忠心，但夏原吉居然没了影子。

人家都急着在新皇帝面前混个脸熟，夏原吉却待在办公室。官员没有敏感性，这是十分危险的。夏原吉果然被人抓住，送到了明成祖面前。明成祖误解了，以为夏原吉是建文帝的人。既然不肯归顺，那就杀了吧！

大祸临头，夏原吉竟说：杀就杀吧，能不能三天后再杀？

想再活三天？贪生怕死是人的本能，多活三天好像也意义不大。明成祖觉得挺奇怪，问夏原吉这是为什么。夏原吉回答：户部的账目很重要，至少要有三天，我才能把账整理好。

明成祖一听，顿时明白过来了：治国理政，靠那些把"忠诚"叫得嘎嘣响的人是没有用的，必须要有这种不声不响干活的人！

夏原吉不仅没有被杀，反而被提拔为户部侍郎，尔后又被晋升为户部尚书，成为大明的内当家。

夏原吉善于理财，更惜财，乱花国库一分钱都像是要了他的命。郑和下西洋，出去打赏要花钱，回来招待外宾也要花钱，但是他居然没有开口反对。

夏原吉反对的，是皇帝的御驾亲征。永乐十九年（1421年）冬，明成祖计划亲征沙漠，于是召来了夏原吉与礼部尚书吕震、兵部尚书方宾、工部尚书吴中等。

叫你来为的是出主意，并且是想听你说怎么打，结果众人都说不行。兵部尚书方宾说，兴兵费用不充足啊！明成祖转问夏原吉，夏原吉回答：打仗也是要算成本的，圣体欠安，还需要调养。如果遣将出征，可以省不少钱。

明成祖一听就来气了：你这脑子，干脆去管仓库吧！

夏原吉就这么被降职了。

明成祖再问工部尚书吴中，这意见居然是一样的。

大臣们太一致，明成祖就不想一致了：降职的夏原吉，被改为坐牢。

坐牢的夏原吉，直到明仁宗即位才被放出来，并被官复原职。

这走出牢门的夏原吉，就开始反对再下西洋了。

3. 让人泪流满面的胡椒、苏木

明仁宗决定罢黜下西洋，并不是因为太看重夏原吉的意见，而是整个官员队伍差不多都是这个想法。

官员们反对郑和下西洋，不单是"耗钱"，还因为郑和让他们吃了胡椒，用上了苏木。

胡椒与辣椒、姜是中国人饮食中的"三香"，但中国古代的"三香"则指花椒、姜、茱萸，并没有胡椒。

唐段成式《酉阳杂俎》载："胡椒，出摩伽陀国……今人作胡盘肉食皆用之。"摩伽陀国属古印度，胡椒原产于印度西南海岸和缅甸的热带雨林，中世纪传入马来群岛，而后传入斯里兰卡、印度尼西亚等地，再遍及亚、非、拉地区。1951年，中国海南岛才开始试种。

物以稀为贵，胡椒曾昂贵到什么程度呢？与黄金等值。唐代宰相元载被治罪，主要罪证就是家中的"巨额胡椒来历不明"。收受的胡椒数量巨大，元载自然被定为"巨贪"，最终被处死其实也是不冤的。

终明一朝，宫廷中的辛辣调料仍是辣椒、花椒，胡椒始终是昂贵而奢侈的海外贡品。明代光禄寺的资料显示，宫廷岁用牲口约为两万口猪、一万只羊，拿胡椒当佐料，皇帝家里也用不起。

少数权贵有幸品尝胡椒，一般也不是在菜肴里。胡椒具有药用价值，据说还有壮阳作用，有人将之用于房中术……总之，胡椒与最初的贝壳有点像，作为硬通货也是可以的。

苏木，又名赤木、红柴等，原产印度、缅甸、越南、马来半岛及斯里兰卡等东南亚热带地区。苏木的用途比较有限，没有明显的药用价值，通常作为一种染色品，可以制作蓝色、棕色、红色或紫色染料。

古代中国境内本无苏木，作为一种"进口"商品，苏木同样也很珍贵。古代平民对染料的要求并不太强烈，但对王公贵族以及官员来说，苏木的需求几乎又是刚性的。皇族及官员的服装，对颜色有特定的要求，所以苏木就成了奢侈品与必需品。

明代初期，朝廷为维护国家安全实行海禁，民间的海外贸易几乎被禁绝，与海外国家的贸易，仅限于"朝贡"的形式。而当时的东南亚地区，多数生产力落后，处于未开发状态，并无特别的名优特产品，苏木又具有便于运输与贮存的优点，因而被海外小国选择为"贡品"。

向明朝进贡苏木的国家，主要有琉球、占城、日本、暹罗、真腊、爪哇、苏门答剌、满剌加等。郑和下西洋后，西洋国家与地区，向明朝进贡了大量的苏木，尤其是永乐至成化年间。

永乐年间的下西洋活动，是以内忧外患造成的严峻政治、经济形势为背景。明成祖的"靖难之役"，使天下百姓疲于兵旅，社会经济本残破不堪。加上攻打安南与迁都北京等，国力消耗极大，必须在政治上获得周边国家与地区的认同，同时获得相应的经济利益，弥补财力的严重亏空。

由于海外贸易为朝廷垄断，贡品苏木获得巨大利润：明廷支付给朝贡方的价格，是每斤苏木计钞一贯，而作价给京师文武官员的价格，则是每斤苏木抵五十贯，盈利高达五十倍。这种做法，被称作"折俸"。

折俸即折支俸禄，将外国进贡的贡物折算成俸禄，发放给官吏。京师官员在初期，也乐意接受这种"进口"商品，一是对苏木有客观需要，二是大明宝钞滥发贬值严重，实物苏木客观上起到了保值作用，面子上还能过得去。毕竟，市场上买不到这种"洋货"。

朝廷受巨大的利益驱使，不断增加苏木的进口，外国进贡的苏木堆积如山。为获得经济利益与维持供销平衡，朝廷加大苏木折支官员俸钞的比例。苏木折俸比例过大,超出了消费能力,又减少经济利益,两京官员开始苦不堪言。面子再重要,也没有一家老小和肚子重要啊!

官员痛恨这种发工资的形式,还在于朝廷不断涨价。永乐二十二年(1424年),苏木折支官员薪俸是每斤抵八贯;宣德九年(1434年),苏木折抵官员薪俸的比例高达每斤五十贯。两京官员难以养家糊口,引发普遍的不满情绪。正统元年(1436年),朝廷诏令在京文武官折色俸予以调整,每岁上半年折钞锭,下半年折胡椒、苏木。这种情形,大约持续到成化七年(1471年),因胡椒、苏木不足而甲字库棉布有余,朝廷从户部尚书杨鼎之请,将下半年的折色俸由胡椒、苏木改为棉布。折俸现象,此后也陆续出现过几次,但没有此前严重。

苏木折俸在明初影响很大,除官方史料及文人笔记有大量记载外,仍有诸多文物遗存。肚子里的怨气,不倒给郑和,也没更合适的地方好倾泻啊!

4. 太监也会有儿子

大明官员的积愤,随着明成祖的去世与洪熙帝的登基,终于有了明确的答案。

朱高炽登基时正值壮年,正是干事业的好时候。事实上干得也很不错,他与儿子被称作"仁宣之治"。

家有三件事,先从紧的来。洪熙帝很谦虚,登基时请教有"永乐财神"之称的夏原吉,当前要先抓哪几件大事?《明史·夏原吉传》载:"(夏原吉)对以振饥、省赋役、罢西洋取宝船及云南、交趾采办诸道金银课。悉从之。"

"悉从之",就是夏原吉建议的,洪熙帝照单全收了。"罢西洋取宝船",自然包含其中。一个提议,一个批准,差点造成郑和"失业"。

但是,洪熙帝是个特别精打细算的皇帝,郑和与他手下的近三万名下西洋官兵,完全是大明王朝的宝贵财富,不能闲置,更不能浪费。洪熙元年(1425年)

二月，郑和从旧港回国后，随即被洪熙帝派了新活干，这就是守备南京。

作为大明的根本重地，首都设置的南京守备，掌节制南京诸卫所，及南京留守、防护事务。担任南京守备的是襄城伯李隆，爵位高，也是明成祖最信任的重臣。所谓的南京兵部尚书，只是南京守备的副手，"以参赞机务"。南京守备李隆，虽是朝廷依赖的官员，但信任不能代替监督。手上的兵权太大以致失控那是非常危险的。郑和"以宦官同守备"，既是分权，也是监督。郑和尽管不是太监监军，但与李隆事实上构成了相互监督。这一点，洪熙帝比明成祖考虑得更周到。

为了界定郑和与李隆的职责，洪熙元年（1425年）八月，洪熙帝特意给李隆下了道圣旨："卿国之勋臣，受先皇帝托付之重，守备南京，厥任非轻，其免赴京朝贺，凡事同守备太监郑和、王景弘计议，昼夜用心，整肃军伍，严固守备，审察几微，以防不虞。戒辑将士务循礼法，使军民皆安，以付国家委任之重。"

郑和责任重大，但工作量却很小。这时的郑和，已经五十五岁了，明朝的规定是"文武官年六十以上者听致仕"，再干五年就要"退休"了。郑和这些年六下西洋，差不多前面出使回来，后面就要着手出去，很风光也太忙。这一闲下来，猛然发现自己还有一件更重要的私事没有办。

郑和是个宦官，谈不上家室，"办公室"就是家。任职南京，第一次有了私人府邸。进入暮年，仍孑然一身，郑和这一生其实很悲催。

郑和给远在云南的哥哥马文铭写了一封信，请他们来南京住。天伦之乐，对一个宦官来说也只能如此了。

马文铭一家依约来到了南京，郑和对侄子马赐万般喜爱。马文铭看出来了，弟弟一生的遗憾，只有自己能为他做出一些弥补：马文铭主动提出，将儿子马赐过继给郑和为子。

马赐成了郑和的嗣子，随后更名为郑赐。先皇的赐姓，是莫大的荣耀，也是不能更改的。

从此，郑和有了自己的家庭，也有了自己的儿孙。郑和本姓为马，在南京的府邸以本姓而称"马府"，府前的街道被称"马府街"，位于今南京秦淮区太平南路东

"郑和公园"附近。郑和府邸毁于太平天国战火，今已不存。

户部尚书夏原吉的建议，无疑改变了郑和的人生。对郑和来说，是该怨恨夏原吉还是感谢夏原吉呢？

思考的时间几乎没有。夏原吉还有一个建议，已经在等着郑和。

5. 一盘没有下完的棋

明冯应京《皇明经世实用编》载，永乐二十二年（1424年），夏原吉上书洪熙帝："当今江南民力困于漕运，请还都南京，以省供亿！"

夏原吉确实是个神人，用了不到二十个字，就完成了一部"项目论证报告"，并且将原因、结果表述得一清二楚。

大明的首都本来就是南京，北京只是燕王朱棣的封地北平。朱棣发动"靖难之役"，在南京登基改元永乐。从地方负责人变化国家领导人，办公地点只能在首都。

南京宫殿里的明成祖相当不自在，史上文人笔记的说法大约是这几种：一是朱棣这皇帝的宝座来自"同室操戈"，父亲朱元璋长眠的明孝陵就在南京城，朱棣的心里总是堵得慌；二是朱棣长期生活在北方，在南方生活很不习惯……

这类说法的文学性都太强，改朝换代都是血腥的，元朝、清朝进入北京，也都是从北方到了"南方"，从来都没有这种压力，精神层面全是愉快。

明成祖决心将首都迁往北方，实则与一件具体的事件相关。永乐元年（1403年）三月，蒙古军队攻打辽东。游牧民族马跑得快，大明的都指挥沈永措手不及，蒙古人顺利完成了抢劫。幸亏蒙古人实力有限，否则后果不堪设想。

明初的国家安全问题，防御的重点只有北方。考虑到当时信息不太发达，如果首都设在北方，一有动静就会及时发现，应急处理就会方便许多。

明成祖迁都北平的想法出来了，帮助圆梦的人也自然会出现。礼部尚书李至刚奏称：北平是皇帝"龙兴之地"，应作为大明的都城。

"龙兴"的说法不仅吉祥，而且很讲政治。皇帝兴，则江山社稷兴。

迁都说起来很容易，实施起来就太复杂了。北平虽说是元朝的大都，但经历了江山易主的大战，房子不仅是破，大多是被毁了。什么时代打仗，"扒铁路、炸桥梁"都是必需的。元朝需要从南方北运粮食，起义军不断攻击这条"生命线"，元廷也没办法及时维护，除了风险巨大的海运，明初见到的南北内河运输线几乎是淘汰的。

有百利而无一害的事，基本上是不存在的。国家安全至上，明成祖决心迁都。至于房子问题，该建的建。交通问题，"高铁"项目上不了，修河运就成了首选项目。永乐四年（1406年），朝廷开始在北平"复制"南京皇宫；永乐八年（1410年），明成祖下令开会通河，"南极江口，北尽大通桥，运道三千余里"，南北漕运就此打通；永乐十四年（1416年），议定迁都北平，开始在北平"复制"南京紫禁城；永乐十八年（1420年），明成祖下诏正式迁都，改金陵应天府为南京，改北平顺天府为京师，但在南京仍设六部等中央机构，称南京某部，以南京为留都。

大明的政治中心再度回到北方，在明初是十分重要的。从石敬瑭割燕云十六州于契丹算起，北平附近脱离汉族中央政权控制有五百年；从北宋靖康之变算起，华北地区脱离汉族中央政权控制有二百五十年；从蒙元入主中原算起，也快一个世纪了。关乎国家安全与领土完整，明成祖的决定是有战略眼光的。

当然，迁都的弊端也是明显的，夏原吉清楚，其他大臣也不糊涂。反对派的大臣心里都窝着一股火，结果真的冒出来一团火。

永乐十九年（1421年）四月初八，紫禁城发生大火，三座大殿尽数烧毁，朝野上下议论纷纷。是不是上天认为迁都存在问题，明成祖希望大臣们分析一下。

邹缉一气列举了迁都的七大弊端，包括迁都消耗巨大，赋税徭役沉重，买办科派之苦等等。解决弊端的办法，就是再将都城迁回南京。

礼部主事萧仪的上书最尖刻，他认为迁都后诸事不便，弃绝皇脉与孝陵，有违天意，且造成"天下供役，民力凋敝"。萧仪的书生气很重，曾写过一篇《续伐木谣》，感叹"君门如天多隔阻，圣主哪知万民苦"。心是好的，但客观上有损皇帝的权威。明成祖一生气，萧仪的命就没了。

关键时刻，反迁都领袖夏原吉改当了"和事佬"。夏原吉上奏明成祖说，反对的大臣是能力水平问题，并不是立场态度问题。明成祖的怒气消了，也就不再扩大化，深究反对派大臣的责任了。

办大事需要的是策略与机遇，夏原吉等到了这一天。

洪熙帝上台，还都南京实质性地摆上了议事日程。洪熙元年（1425年）三月，洪熙帝诏令北京诸司俱称"行在"，意思是北京的这些办公大楼都是临时办公场所。

南京再变成首都，同样还要搞工程建设。守南京的郑和，这下又开始忙起来了。郑和与王景弘的新任务，是负责南京宫殿、天地坛、大祀殿、山川坛等处的修缮，以及新上项目的规划，物资采办，工匠役使，工程监督与验收等等。郑和的实际工作职责，横跨了太监与工部。

洪熙帝对郑和其实是信任的，郑和负责的都是朝廷的"头号工程"。

郑和与其率领的下西洋官军，全都转为"工程兵"，不是修城墙，就是修宫殿。郑和"改行"，也是在为洪熙帝下一盘很大的棋：牵一发而动全身，大明首都的改变，意味着整个国防战略的改变。跟建筑材料打交道，与跟海外诸国打交道，意义都是一样的。

洪熙帝在下一盘大棋，但这是一盘没有下完的棋。洪熙帝没有料到上天留给他的时间只有一个月，洪熙元年五月，洪熙帝病逝于北京，其遗诏曰："南北供亿之劳，军民俱困。四方仰咸南京，斯也吾之素心。"

洪熙帝念念不忘还都南京，再有一年，一切也将变成现实。可惜，天不假年，洪熙帝成了大明昙花一现的优秀皇帝。

6. 大明最大的"烂尾工程"

子承父业的朱瞻基，在洪熙元年（1425年）六月二十七日正式登基，开始了大明的宣德王朝。

朱瞻基（1398—1435年），洪熙帝长子，明朝第五位皇帝。朱瞻基洪熙元年即位，年号宣德，庙号宣宗。

宣德帝上台，没有实现洪熙帝次年还都南京的计划，但也没有改变父亲的遗愿。既然这样，郑和及其下西洋官兵的任务，还得按部就班地进行，修房子、修城墙的事一点都不能耽误。

洪熙元年八月，郑和奉敕修理南京宫殿。因为这是新的"办公大楼"，装修的档次一点不能低。郑和上奏要使用金箔，宣德帝安排工部立即办理，还特意叮嘱工部：要按市场价采购，不许亏待小民。

到了十一月，南京宫殿修建工程明显落后于时序进度，工部尚书吴中觉得郑和下西洋官军这里还有潜力，奏请安排一万人直接当建筑工。宣德帝同意了这个建议，郑和算是彻底改行了。

但是，干的是体力活，肚子却吃不饱。郑和手下下西洋的官兵本来长年航行于海上，是有专项经费做保障的。自永乐二十二年（1424年）八月下西洋被罢，新的供给渠道却没有解决，官兵们从事繁重的劳作，却不能正常发工资，吃饭都成了很大的问题。

襄城伯李隆与郑和关系不错，洪熙元年六月，李隆主动给宣德帝写了份报告："外卫官军自番国还者，俱留南京听用，而月粮未支。"

宣德帝一看，这确实有点说不过去，于是立即批示："彼涉海远还，备历艰险，安可无粮？其即按月给之，就留操备。"

不管怎么说，这也算是皇帝对郑和工作上的支持。

支持的同时，宣德帝又给了郑和一顿批评。

宣德元年（1426年）二月，郑和发现天地坛太祀殿并门廊斋宫，以及山川坛殿廊厨库俱已朽敝，上奏请求修理，宣德帝为此安排工部郎中冯春往南京监督。冯春对郑和主持的修缮工作很满意，返还北京后上奏宣德帝："南京国师等所造寺宇工匠，亦宜加赏。"

建议给郑和等人发笔奖金，报告转到了夏原吉这里。夏原吉对"财政预算"太专业，一眼即看出这项支出不"合规"。夏原吉认为，佛寺修缮应该是僧人的事，怎么转嫁到朝廷头上呢？这事应该严肃追究，不仅违反"预算法"，还有"窥伺朝廷"之嫌，应该追究相关人员的"法律"责任。

窥伺朝廷的钱财，这不符合郑和的性格。宣德帝对郑和、夏原吉都很信任，这事究竟怎么处理还真有点棘手。宣德帝尽管年轻，政治智慧还是有的。宣德元年四月，宣德帝就冯春所奏之事书面答复："佛寺僧自造，何预朝廷事。春之奏必和等所使，春不足责，其遣人谕和，谨守礼法，毋窥伺朝廷一切非理之事，不可妄有陈请。"

事情是冯春引起的，批评郑和的事也让冯春去办。至于说郑和有罪，这话就免谈了。

冯春擅自上奏引起皇帝的不快，也算是给郑和敲了次警钟。再做工程方面的事，郑和就更加小心了。

宣德元年春，是洪熙帝定下的还都南京时间。但是，郑和修好宫殿并没有迎来新皇帝。

有一种未来，叫猝不及防，洪熙帝还都南京止于意外，宣德帝还都南京同样也止于意外，历史的巨轮，往往被偶然的风雨打得晕头转向。

宣德帝有个叔叔叫朱高煦，同样是个有本事的人。朱棣瞧不起侄子建文帝，朱高煦同样瞧不起侄子宣德帝。前者抢到了侄子的皇帝宝座，后者打算也这么干一回。

当年，朱棣找到的理由是"清君侧"，选中的替死鬼是齐泰、黄子澄；现在，朱高煦的理由仿照了老爹，选中的替死鬼是夏原吉。齐泰、黄子澄、夏原吉都是皇帝最亲近的人，也是朝中最有本事的人，当然也是最幸运的。幸运与不幸，有时就是这么高度地契合辩证法。

但是，朱高煦没有父亲朱棣幸运。朱高煦的封地是山东乐安州，是御史李浚的老家。永乐二十二年（1424年），李浚以父丧回籍丁忧，需要守孝三年至"永乐二十五年（1427年）"。李浚是政治敏锐性极强的官员，朱高煦造反的事别人看不懂，他却看懂了，于是果断放弃当孝子改当忠臣，一气跑到北京举报了朱高煦。

乐安到北京只有三百公里，朱高煦还没来得及扯旗造反，朝廷的大军就到了。宣德元年（1426年）八月，朱高煦父子被废为庶人，关押在今北京皇城西安门内。

抓个活叔叔，实在是个烫手的山芋。宣德帝也不好意思将叔叔处死，有一天还特意去看望朱高煦。想不到的是，朱高煦居然一脚把宣德帝扫倒在地。

宣德帝这一跤摔得不轻，起来后脑子忽然清醒了：朱高煦得死，首都该不该迁得好好琢磨。朱高煦的封地要是远隔千山万水，那乱局还真不好收拾。

宣德帝琢磨了一辈子，迁都的事也没琢磨出明确结果。直到正统六年（1441年），明英宗朱祁镇才正式下令恢复北京为首都，明确南京为留都。

在宣德帝慢慢琢磨的同时，首都南京的工程也在慢慢烂尾。但是，南京的又一重点工程，郑和必须用心去做。

7. 共同的报恩

郑和在南京负责营建的最后一个重大工程，是重修大报恩寺。

大报恩寺原名长干寺，始建于东吴赤乌年间（238—251年），宋真宗天禧年间（1017—1021年）更名为天禧寺。明太祖登基后，准备重新修葺天禧寺，但因于财力只好作罢，直到永乐年间方付诸实施。

明成祖为什么要修建天禧寺呢？报恩。天禧寺后来也就成了"报恩寺"。

永乐十一年（1413年），明成祖亲撰《御制重修大报恩寺敕》：父母"开创国家，协心致理，德合天地，功在生民，至盛（圣）极大，无以复加"，"念皇考皇妣罔极之恩，无以报称"，为"上存父皇母后在天之灵，下为天下生民祈福"，特重修大报恩寺。

明成祖将天禧寺更名为大报恩寺，就是要表达报答父母恩情之意。

明成祖的父母是谁呢？父亲是明太祖朱元璋，毫无疑义。但母亲是谁，自明代中叶迄今皆难有定论。

明成祖的嫡母，即马皇后。传统社会，无论是皇室还是平民，嫡出与庶出地位皆是天差地别，庶出民间常斥作"小娘养的"。燕王朱棣当年发动"靖难之役"时，檄文中理直气壮地宣称："我太祖高皇帝孝慈高皇后嫡子，国家至亲。"倘若明成祖不是嫡出，建文帝肯定要予以揭穿，朱棣的号召必定大打折扣。朱棣攻入南京城后亦与方孝孺对话，方孝孺只骂朱棣"燕贼篡位"，也没骂朱棣是"小娘养的"。

但是，嫡母与生母又是两个不同的概念。马皇后一生并未生育，名下的四个嫡子，皆为明太祖其他嫔妃所出。所谓的嫡子，相当于"法定"之子。明成祖的生母，明后期的史料记为碽妃。汪宗元撰《南京太常寺志》云："孝陵享殿：太祖高皇帝高皇后南向……碽妃生成祖文皇帝，独西列。"

汪宗元，号春谷，湖广崇阳（今湖北崇阳）人，嘉靖八年（1529年）进士，嘉靖二十四年（1545年）任南京太常寺卿。太常寺是负责朝廷祭祀的部门，《南京太常寺志》为汪宗元担任南京太常寺卿时所辑，志中所列明孝陵享殿中妃嫔的位次，有一定的可信度。另一部《南京太常寺志》为明天启年间沈若霖所撰，明孝陵享殿中妃嫔的位次与汪宗元的记载基本相同。但这两部《南京太常寺志》今已不存，内容只见于相关的文人著述。明成祖生母为碽妃虽不能确认，至少也是空穴来风，不太可能是子虚乌有。

文人著述中的碽妃，或为蒙古人，或为高丽人，皆不知所终，或因病去世，或因罪被明太祖朱元璋所杀，反正离世较早。朱棣自幼由乳母冯氏抚养长大，朱棣与乳母感情颇深。成年的朱棣就藩北平时，"并有乳母冯氏随行"。

冯氏病逝后，朱棣于建文四年（1402年）十一月遣官祭奠，承担这一使命的即是太监郑和。朱棣称帝后，于永乐三年（1405年）三月追封乳母冯氏为保圣贤顺夫人，并派其子朱高燧前去致祭。永乐十四年（1416年），明成祖赠冯氏丈夫王忠左都督，为正一品武官。

明成祖敕令重修大报恩寺，抑或包括对嫡母、生母、乳母这"三母"的共同感恩。

但是，大报恩寺自永乐十年（1412年）十月十三日午时动工，历时十六年仍未完成。

工程进度如此缓慢，既在工程过于浩大，也在于帝王意欲表达的思想过于复杂。报恩寺无论怎么修怎么建，皇上都感觉不满意。

两位皇帝都离世了，大报恩寺还是没有建成，宣德帝实在看不下去了。宣德三年（1428年）三月十一日，宣德帝敕命郑和接管此事，限定八月底以前务必完工。

修建大报恩寺是明成祖的遗愿，明成祖于自己有知遇之恩，郑和没有理由不尽心尽责。郑和指挥工匠与役夫，塔基皆用木炭为底，插木桩后放火燃烧，再用重器碾压，确保基础不变形。塔身修建采用堆土法，"造一层，四周壅土一层，随建随壅，至九层，则亦壅九层，始终在平地建造。及工竣，复将所有壅土除去，而塔身始现"。郑和不仅亲临现场督促，连下西洋挣的一百万两银子也贴了进去。

宣德三年八月初一，大报恩寺如期完工，部分收尾工程于宣德六年（1431年）全面完成。

郑和督建的大报恩寺，寺院规模极其宏大，殿阁30多座、僧院148间、廊房118间、经房38间。寺内琉璃宝塔计9层，高32丈9尺4寸9分，塔内置长明灯146盏，每昼夜耗油达64斤。塔覆瓦、拱门皆为五色琉璃构件，饰用黄金2000两，计耗银248.5万两。明代来华的西方传教士，称大报恩寺塔与古罗马大斗兽场等并称为中世纪"七大奇观"。来大明的外国使臣，称其为"天下第一塔"。

凝结郑和心血的大报恩寺,"咸丰六年(1856年),遭洪杨焚毁,并砖库亦被炸去"。太平天国"天京事变"中,南京城内的韦昌辉,害怕石达开利用大报恩寺高塔向城门开炮,下令将大报恩寺塔提前炸毁。

修完大报恩寺,郑和已年近六十。风烛残年,难道郑和就将这样凋谢在宣德时代?

孤帆远影

宣德五年（1430年）的春天，宣德帝朱瞻基谒祭长陵回宫，在昌平东郊看见一个农夫正在田间劳作。皇家浩荡的旌旗队伍丝毫没有分散农夫的注意力，他连头都没有抬一下，只顾在那里俯身而耕。这是个什么人呢？轿子中的朱瞻基注视良久，忍不住将农夫叫了过来。

朱瞻基问：你怎么如此勤劳？

农夫跪答：勤劳，是我的职业。

朱瞻基问：有休息的时间吗？

农夫说：土中求食，春则耕，夏则耘，秋而熟则收获。这三桩都得勤劳，有一样没做到就会劳而无获，挨冻受饿，我怎敢怠慢！

朱瞻基向农夫建议：你为何不改换职业？比方说做做生意，这样可以得以休息。

农夫回答：我祖父皆务农，以至于我，都没有改换过职业，周围的也都这样。听说从商的亦十分辛劳，长年累月奔波在外，还有赔本的，全家跟着提心吊胆。我家务农，若无水旱灾害，辛勤耕作，温饱还是没问题的，还能天天与家人团聚，因此我不能改换职业。

一丝凉意冷不丁袭来，朱瞻基感觉自己就像这个农夫。归来的朱瞻基夜不能寐，亲自写了篇著名的心得，名曰《纪农》。

1. 旋涡中的大明

宣德帝朱瞻基打理大明，一如农夫俯身于自己的土地，除了终日勤劳刨土，连个抬头的机会几乎都没有。

宣德帝朱瞻基是洪熙元年（1425年）六月继位的，喜庆的时刻一点也不喜悦，安定、曲先等地叛乱，将路过的朝廷使臣都杀了。

到了下半年，交趾（今越南）反叛的局势一发不可收。十一月初六，两万余明军被黎利歼灭，总兵官王通负伤逃走，兵部尚书陈洽自刎而死。十二月二十六日，朱瞻基再命安远侯柳升率十万明军赴交趾，再为黎利所败，柳升死于乱军。大势已去，朱瞻基不得不决定罢兵。宣德三年（1428年）四月十五日，黎利建国大越，明成祖的心血至此彻底付诸东流。

不过，交趾的这种结果，朱瞻基完全可以接受。交趾是自然、地理环境极为恶劣的"化外之地"，经济发展极为落后，大明在交趾驻军及行政费用每年要花三百万两银子，税赋最高的一年才收七万两。成书于15世纪的越南编年体通史《大越史记全书》，竟称"北寇凶残，南民困屈"。一年花几百万两银子居然买了一个"差评"，任何一个大明皇帝，心里怎么想都不会舒坦。

朱瞻基从交趾撤回军队与行政机构后，交趾的态度又来了一百八十度大转弯：向大明纳贡称臣，奉大明为宗主国。

交趾瞬间变脸，其实也不是纯粹忽悠。交趾认为自己也是华夏，并且还是神农氏的后裔，明朝只是吴地的君主，自己比大明还"正宗"，中国史方面的造诣一点也不低。与大明对骂时，交趾便称大明是"吴贼"，因为明太祖曾是吴王。当时的历史条件下，"国家"的理念其实也就这个样子。明朝落得一个解脱，这件事似乎还是一个"皆大欢喜"的结局。

明军在交趾与黎利军拼得你死我活的同时，广西诸蛮也在作乱，辽东局势也不安宁，南京、北京又地震不断。按下葫芦漂起瓢，朱瞻基的帝王生涯，就是在这种天灾人祸中开局的。

宣德五年（1430年），宣德帝朱瞻基难得过上了清净的日子。当然，他还不知道蒙古阿鲁台部即将进犯辽东。

宣德帝是个好静不好动的胖子，很有一些"文青"的禀性。"山际云开晓色，林间鸟弄春音。物意皆含春意，天心允合吾心。"只要不被人搅得过不了日子，他就摊开纸，写写诗，画画狗，画画猫，毛笔字也达到了"书法"的水准。

平心而论，宣德帝还是一个想有所作为的皇帝。天下趋于平静，他便想起了一个人，也想起了一桩事——郑和，郑和下西洋。

在南京建筑工地转了五年的郑和，突然接到了宣德帝的圣旨。作为太监，郑和接到皇帝的口谕或书面圣旨，是相当平常的一件事情，与其他官员心潮澎湃或魂飞魄散大不相同，但郑和这次心里仍是咕咚了一下。

两个月前，郑和也接到了宣德帝的圣谕，不明不白地挨了一顿骂。这一次，难道哪个建筑工程有什么细节又出了差错？

宣德五年（1430年）六月，宣德帝敕命郑和重下西洋。

这有点出乎郑和的预料，心里接着咕咚了一下。下西洋？九五之尊的皇帝，当然是一言九鼎，郑和则有点不太相信，甚至记不得自己这是第几次下西洋。

史称这次大明的西洋之行为郑和第七次下西洋，实际上这至少是第八次。那个真正的"第七次"，现在已经鲜为人知。

永乐二十二年（1424年）正月，郑和奉明成祖之命前往旧港。这是郑和西洋之行中花钱最少的一次，同时也是最重要的一次。这时，旧港宣慰使施进卿已经去世，大明需要为其明确继承人。

这事看起来简单，其实挺复杂，大明处理起来也相当棘手。《明史·外国》等史料的记载中，当初遣使大明要求敕封时，施进卿派的是女婿丘彦，不干其儿子什么事。而这一次旧港来大明的使者，则是其子施济孙。这个儿子，是从哪冒出来的呢？

大明使者还未到旧港，施济孙又派人来催了一次，并且增加了一项请示：给枚新公章，因为"旧印为火毁"。

旧港宣慰司的印，又不是木头做的，起火怎么会烧毁呢？郑和亲自到过旧港，在大明是最熟悉旧港内情的人：施进卿不是没有儿子，而是儿子混得差。旧港地区的实际控制权，不在施进卿之子施济孙手里，而是在其女施二姐及女婿手上。

现在，朝廷批准的是施济孙继承，落实旧港的权力交接应该是相当困难的。处理得不好，后果无非两种：要么旧港大乱，要么朝廷的面子全无！

郑和不能不慎重，出航前做了精心准备，然后火速前往旧港。

这里的"火速"，并不是飞快，而是心急如焚的意思。从北京到南京，大约要一个星期。南京到刘家港，大约又要半个月。再到福建长乐，又得一个月。赶到五虎门正式出海，就是火热的夏天了。

不能再快点吗？快不了，快了也没有用，季风没到。海船上几百年后才会有发动机，航海带纤夫，人家也没办法拉纤绳。

在福建长乐港，郑和正准备出海，圣旨又到了。收录在《太仓州志》中的诏书是这样写的："下西洋诸国宝船悉停止，如已在福建太仓等处安泊者，俱回南京。"落款时间：永乐二十二年（1424年）八月十五日。

八月十五日，是个很重要的日子——这一天，洪熙帝朱高炽即皇帝位。一个月前的十五日，第五次率北征大军的明成祖，班师途中病情加重，十六日昏迷，十七日去世。

登基的当天，朱高炽即让郑和打道回府，这主意也被认为是夏原吉出的。但当时夏原吉的建议，除了见诸诏书的"罢西洋宝船、迤西市马及云南、交趾采办"，即停止派遣郑和下西洋，停止到西域买马，停止到云南、越南等地采办宝石、香料等高档奢侈品，还有两条：赈饥、省赋役。

全面压缩收入与支出，体现的是朱高炽大苏民力，大得民心的治国理念，这就不是夏原吉能做到的了。

这种治国思路上的转变，既与文臣的观念有关，同样与朱高炽父子间的芥蒂不无干系。

朱高炽"腰腹数围"，加上腿脚不好，走路都需要人搀扶，更别说飞身上马，驰骋疆场，他不是朱棣满意的储君。朱棣命朱高炽速效减肥，饿得朱高炽眼冒金星，宦官看不下去给朱高炽添了点吃食，朱棣得知后便把这个宦官给剐了。一日酒后，朱棣又无端地大骂朱高炽，并对皇后徐氏说：媳妇儿好，不以媳妇故，废之久矣!

自己被骂得狗血喷头,自己的媳妇又被夸成一朵花,朱高炽顺利登基,老婆、孩子真的帮了大忙。

朱高炽之子朱瞻基自幼聪慧,朱棣对太子废立犹豫不决时,曾询问大学士解缙,解缙装作不介意地看着正在旁边玩耍的朱棣孙子,赞叹了一句:"好圣孙!"

"好圣孙"即朱瞻基。朱棣的两个儿子中,武官多支持朱高煦,文臣多支持朱高炽。"好圣孙"朱瞻基的筹码有点重,明成祖最终认同了文臣的意见,不再提改立太子这个茬了。

给郑和诏谕的,便是这个"好圣孙"朱瞻基。朱瞻基走的是爷爷的路,还是父亲的路?他给郑和的圣旨里又会说些啥呢?

2. 明宣宗的心事

明宣宗遣太监郑和等赍诏往谕诸番国的诏书曰:"纪元宣德,咸与维新,尔诸番国远处海外,未有闻知,兹特遣太监郑和、王景弘等赍诏往谕。"

朱瞻基的心情比较郁闷,诏书写得相当婉转,意思是说我都上台好几年了,也没看见你们这些海外国家有什么反应。估计是路程太远,信息不灵,这就不怪罪你们了。现在我派郑和等来通知一声,你们自己看怎么办吧!

当然,朱瞻基也是关注"国际局势"的。

皇帝确实不好当,明太祖朱元璋在《皇明祖训》中,劝慰自己的子孙:"天子总揽万机,晚眠早起,劳心焦思,唯忧天下之难治。此亲王所以乐于天子也。"国内的麻烦事摆不平,国际社会又没人知道,皇帝当得也没啥意思,朱瞻基的心情没法快活起来。

何谓"天子之乐",朱瞻基自小就有切身感受。永乐十一年(1413年)端午节,爷爷朱棣率文武群臣及各国使节观看射击比赛。"万国咸宾",朱棣脱口而出:"万方玉帛风云会。"皇太孙朱瞻基应声答道:"一统山河日月明!"

爷爷大为开心,用赞赏的眼光看了朱瞻基一眼。

可是,轮到自己当了五六年皇帝,"万国咸宾"的盛况居然没了。跟爷爷比,朱瞻基感觉出,自己真有点像带老婆孩子过日子的农夫。

伏威千邦,
四夷来宾纳表章。
显祯样,
承乾象,
皇基永昌,
万载山河壮。

明宣宗情不自禁地哼起了爷爷为宴飨乐舞拟定的《四边静》,然后,挥笔给郑和开出了一串长长的名单:"忽鲁谟斯、锡兰山、古里、满剌加、柯枝、卜剌哇、木骨都束、南渤利、苏门答剌、剌撒、溜山、阿鲁、甘巴里、阿丹、佐法儿、竹步、加异勒等二十国及旧港宣慰司……"

这份名单,几乎涵盖了永乐盛世"万国咸宾"的全部范围。

望着这份名单,六十岁的郑和心潮澎湃。皇帝的心事很复杂,郑和落实起来则很简单:重走当年之路,再现万国来朝。

宣德五年(1430年)闰十二月初六,郑和船队自南京龙江开航。二十一日,船队到达刘家港。在这里,郑和船队又驻留了一个多月。

自洪熙元年(1425年)罢黜下西洋,官兵祈报之所天妃宫多已废弛。在特定的时代,修建天妃宫为下洋所必需,正如《娄东刘家港天妃宫石刻通番事迹记》所云:"海洋之状,变态无时,而我之云帆高张,昼夜星驰,非仗神功,曷克康济?直有险阻,一称神号,感应如响,即有神灯烛于帆樯,灵光一临,则变险为夷,舟师恬然，咸保无虞，此神功之大概也。"

借助超越自然的"神力"，对郑和下西洋来说，是至关重要的，明宣宗不能不倾力支持。

宣德六年（1431年）二月二十六日，郑和船队到达福建长乐太平港，这是郑和船队等候东北季风鼓帆开洋的港口。在这里，郑和一行驻留了八个多月，既为候风，也为重修天妃宫殿。宣德六年十一月，郑和命人立石刊刻《天妃之神灵应记》碑："皇明混一海宇，超三代而轶汉唐……皇上嘉其忠诚，命和等统率官校旗军数万人，乘巨舶百余艘，赍币往赉之，所以宣德化而柔远人也。"

在这段开场白中，郑和准确地展示了明宣宗大国君主的情怀。接下来，郑和亦展示了大明舟师征服海洋的英雄气概："观夫海洋，洪涛接天，巨浪如山；视诸夷域，迥隔于烟霞缥缈之间。而我之云帆高张，昼夜星驰，涉彼狂澜，若历通衢。"

使命在肩，心思缜密，郑和这一次远航真的能"涉彼狂澜，若历通衢"吗？

3. 旧港宣慰司的新问题

据明祝允明《前闻记》记载：郑和第七次下西洋，共计官校、旗军、火长、舵工、班碇手、通事、办事、书算手、医士、铁锚、木舱、搭材等匠，以及水手、民稍人等27550员名。宣德六年（1431年）十二月初九出五虎门，二十四日到占城。宣德七年（1432年）正月十一日开船，二月初六到达爪哇。六月十六日开船，二十七日到达旧港。

郑和船队在爪哇驻留四个多月，在旧港则只停留了四天。不是说旧港的问题很严重吗？

郑和在旧港停留的时间如此之短，正是因为这里办事不顺，而且时间待长了也意义不大。从名义上讲，旧港是大明的海外领地，在这里处理公务要比哪个番国都容易，事实上这里的新问题让郑和头痛不已。

当初，旧港宣慰使施进卿去世后，其子施济孙要求袭任父职，大明答复：可以。后来，施济孙说旧印没了，要求再给一枚，大明答复：也可以。

要什么给什么，施济孙应该不负朝廷所望，将旧港治理得井井有条。实际上，施济孙给朝廷说的全是假话，他即使得到了朝廷颁发的"公章"，也没有多大的实际意义。让施济孙失去有利时机的，正是永乐二十二年（1424年）郑和旧港之行的半途而返。大明的船队与官员未到，旧港的局势已经失控，如今大明皇帝的诏书只是一纸空文。

马欢《瀛涯胜览》载："（明成祖）赐施进卿冠带，归旧港为大头目，以主其地。本人死，位不传子，是其女施二姐为王，一切赏罪黜陟皆从其制。"

马欢的这段文字，其实玄机重重。施进卿不仅是大明的旧港宣慰使，而且是当地的"大头目"。一个机构，两块牌子，施进卿哪个好使就使哪个。郑和船队经常过来，旧港宣慰司的牌子，施进卿高高挂着。郑和这么多年没来，大明的权威用不上，老施家背后干的暗事就多了。

施进卿死后"位不传子"，根本就不是朝廷的意思，也不是施进卿本人的意思，而是老施家的闺女施二姐太厉害，大小权力全揽在她手里，弟弟施济孙完全插不上手。

施济孙脑子也活，自己干不过姐姐，想到的高招就是拿大明当枪使，让大明朝廷发话，增加自己的筹码。大明使者迟迟没有到来，施济孙的如意算盘就此落空。施济孙同样善于见风使舵，不肯在一棵树上吊死，不想把自己的希望全部押在大明身上。

施济孙在向大明求助前，曾派使者求助日本与琉球。跟旧港比，日本和琉球算得上是强大的外部势力，或许可以改变自己与姐姐竞争中的不利地位。《琉球历代宝案》显示：永乐十九年（1421年），施济孙遣派那弗答和邓子昌等人为使者，谋求日本国的支持。

此时的日本国自身比较乱，也明白旧港与大明之间的关系，很滑头地将这个烫手山芋转递给了琉球："日本国九州官源道镇，送到旧港施主烈智孙（即施济孙）差来那弗答、邓子昌等二十余名。"

琉球国也不傻，日本国不干的事，它也不干。何必为别人家的事，无端得罪大明呢？于是，琉球国既不说"是"，也不说"否"，施济孙的使者，就这样在琉球当起了寓公。

在施济孙的使者前往大明时，施二姐也派丘彦诚到了大明。丘彦诚可能就是施二姐的丈夫，但丘彦诚到大明后杳无音信，既没有获得大明的支持，也没有返回旧港。施二姐女强人的风格可能让丘彦诚对老婆早已心生顾忌，不敢当面顶撞老婆，这回有了机会，便趁机跑到哪里过快活日子了。

由于大明支持了施济孙，丘彦诚又有去无回，施二姐万般无奈，只好转向了琉球国。大国的影响力，是要有作为来支撑的，否则在国际事务中自然会失去作用，甚至形成于己不利的国际局势。

琉球国虽然顾忌大明，但在施二姐、施济孙姐弟问题上做出了权衡，选择了于己有利的一面，支持了施二姐。宣德三年（1428年），琉球还将施济孙的使者作为"见面礼"，送给了施二姐。同时，送去了"琉球国王相怀机致旧港国管事官书"。琉球国王正式表态，承认施二姐为"旧港国管事"。至于大明的旧港宣慰司，权当没看见。

苏门答腊岛小国林立，近有暹罗、爪哇等大国，远有西亚庞大的阿拉伯势力，没有外部势力撑腰，旧港也确实很难撑得下去。

琉球国虽不是强国，但有其支持总比没有好。施二姐对琉球国感恩戴德，在郑和船队未出发前的宣德六年（1431年）二月初三，施二姐向琉球国进奉《三佛齐国宝林邦俾那智施氏大娘仔致琉球国王相怀机书》，并进贡"象牙二条，谈否仙酒四埕"等。

"俾那智"，即马来语"首领"。大明以为这里是旧港宣慰司，人家挂的牌子可是"三佛齐国宝林邦"！这个"三佛齐国宝林邦"，实际上又是挂在爪哇国名下的。

爪哇国曾是大明的属国，这下居然将大明的旧港宣慰司纳入了自己的怀抱。罢黜下西洋，一连串的恶果由此可见一斑。

宣德六年（1431年）十二月初九，郑和船队离开福建五虎门，到达旧港后看到的就是这种陌生景象。要想再从头将关系理顺，远非几句话就能解决问题。

郑和发现，施二姐在旧港甚得人心，不仅得到当地华人的支持，也为爪哇等国所认可。以现有的史料看，找不到郑和对施二姐的斥责以及相关不友好的记载。承认既成事实，保持大明对旧港的影响，郑和也只能这般处理了。

大国远交，需要审时度势。

有意思的是，施济孙依旧是名义上的旧港宣慰使，实际控制权又始终在施二姐手里。《明史》在记载这段历史时，用了一句意味深长的话："其后，（施济孙）朝贡渐稀。"

施济孙应该很失望——该得到的没得到，得到的又没有一丝价值，跟大明之间的联系自然就断了。旧港的这种状况，一直维持到明英宗正统五年（1440年）。这一年，旧港为爪哇国王满者伯夷所并，大明对这里早已鞭长莫及。

宣德七年（1432年）七月初一，郑和忧心忡忡地离开了旧港。

4. 面目全非的西洋番国

宣德七年七月初八，郑和船队到达了满剌加。

满剌加国的事，比旧港更麻烦。满剌加与暹罗，都是大明的属国，洪熙元年（1425年）郑和船队停航后，海外诸国没了大明的声音，暹罗国便冒充起宗主国来了，甚至"欲侵害"满剌加。满剌加国王挺害怕，只好派头目巫宝赤纳悄悄来到大明，向明宣宗倾诉苦衷。明宣宗让郑和送巫宝赤纳回国，把两国间的矛盾调处好。

巫宝赤纳是偷偷来到大明的，当时也没给大明皇帝带上贡物。巫宝赤纳回国前，明宣宗让礼部安排点赏赐。礼部官员回答："诸番贡使，例有赐予。巫宝赤纳非有贡物，给赏无例。"

　　回赐与贡物大体有个比例，朝贡贸易并不是无偿的国际援助。巫宝赤纳的贡物是"零"，礼部计算出的回赐当然也是"零"。

　　明宣宗解释说："远人数万里来，来诉不平，岂可不赏？"你们这也太呆板了，巫宝赤纳情况特殊，破个例吧！

　　皇上明确表态，礼部给巫宝赤纳安排了一些钱、绢布及金织袭衣。巫宝赤纳在大明待了大半年，让其空手而归也是不太好的。

　　巫宝赤纳顺利回国复命，郑和船队赶紧前往暹罗国，因为问题的症结在这里。郑和代表大明赍敕谕暹罗国王，客气而委婉地对国王说：贵国屡遣使朝贡，大明宣德皇帝对此表示赞赏。听说满剌加国王准备来大明朝贡，被你们给阻止了。这种事情，肯定是你手下人干的，很不好，你得管一管。

　　响鼓不用重敲，遇上破鼓不敲重一点也不会有声音。郑和将声音提高八度，警告暹罗国王："与邻邦起衅"，对谁都没有好处。"和睦邻境"，你才能"保国安民"，不要做违反天命的事情！

　　暹罗国王听懂了大明的意思，心想你们来得还真是时候。再来晚一点，满剌加早成第二个真腊了。

　　真腊（今柬埔寨），是暹罗的另一个邻居。一年前，暹罗大兵压境，一举攻陷了真腊首都吴哥。真腊王朝被迫迁都金边，吴哥从此变成了茫茫丛林中的"吴哥窟"。

　　郑和在暹罗、满剌加两国间忙活了一个月，胡萝卜加大棒，暹罗国表示谢罪，满剌加的险情得以化解。

　　八月初八，郑和船队才离开满剌加。八月十八日，郑和船队到了苏门答剌，顺道访问了阿鲁、那孤儿、黎代、南渤利等国。十月初十开船，郑和准备率船队前往锡兰山。这一次，郑和又遇上了小麻烦，在裸人国住了三天。

费信《星槎胜览》载："宣德七年（1432年）壬子十月二十三日，风雨水不顺，偶至此山（裸人国）泊三日夜。"

裸人国，明代史料又作裸形国或翠蓝屿，即今孟加拉湾东南部的印度海外飞地尼科巴群岛。由于忽遇狂风暴雨，船队无法航行，郑和不得不停在这里。

郑和船队中的官兵，对裸人国早有耳闻，以往船队多次路过这里，大家都想见识见识，但都没看成。这次偶遇风险，官兵们反有点因祸得福的感觉。

真相与想象并不是一回事，据马欢《瀛涯胜览》记载：裸人国"男子上身赤膊，下围色丝手巾"；"妇人撮髻脑后，下围白布"，传说与事实之间还是有点差距的。人家是热带地区，像大明那样穿得太严实，身体也受不了。

大明官兵觉得裸人国的人好玩，裸人国的人也觉得大明的宝船好玩。他们纷纷划着独木舟来做买卖，货物只有椰子。不过，这船上的男女，真的不穿衣服。

裸人国真正的宝物，大家谁也没有料到，是红雅姑、青雅姑、黄雅姑、青米篮心、昔刺泥、窟没蓝等各种红、蓝宝石。这些宝物在当地不算啥，山中洪水暴发，流沙中经常可以捡到。裸人国眼里的宝物则是珍珠，但这属于国王所有，胆大的老百姓才会偷出来卖。

大明官兵在裸人国度过了愉快的三天，十一月初六郑和船队到达锡兰山。在这里，大明使团开始分头行动，郑和率大艅船队乘信风赶往忽鲁谟斯，太监洪保率分艅船队去了古里和天方。

洪保分艅船队的主要任务是与各国商人贸易，在古里与天方皆大获成功。尤其是在天方国，洪宝以瓷器等换回香料、燕窝以及各色奇珍异宝，还让天方国王臣"深感天朝使至，加额顶天，以方物、狮子、麒麟贡于廷"。天方国的邻国默德那国，随后也遣使者与天方国一道，跟随洪保船队来大明朝贡。宣德八年（1433年）八月初一，天方等国使臣来到了北京，朝贡了麒麟（长颈鹿）、狮子、驼鸡（鸵鸟）、大象、马匹等物，明宣宗亲自到奉天门迎接，兴奋地接纳了诸国献礼。

5. 魂兮大海

七下西洋时的郑和，已是六十三岁的老人。年渐迟暮，对海上惊涛骇浪，老人已感不适。

宣德五年（1430年）闰十二月初六从龙江关（今南京下关）启航，宣德七年（1432年）十二月二十六日，郑和船队抵达忽鲁谟斯。《娄东天妃宫碑》曰："涉沧溟十余万里，观夫鲸波接天，浩浩无涯，或烟雾之溟蒙，或风浪之崔嵬，海洋之状，变态无时，而我之云帆高张，昼夜星驰，涉彼狂澜，若履通衢……"

宣德八年（1433年）二月十八日，郑和船队开船回洋。宣德八年三月十一日，郑和船队抵达古里。在这里，郑和一病不起，与世长辞！

二十多年前，郑和第一次抵达古里。三十出头的郑和意气风发，"刻石于兹，永昭万世"。二十多年后，郑和一生的传奇，大明波澜壮阔的事业，双双在古里画上了句号。

回归大明尚需数月，盛夏即将来临，遂将郑和水葬于大海。清康熙《江宁县志》载："三保太监郑和墓，在牛首山之西麓……卒于古里国，此则赐葬衣冠处也。"《郑和家谱》亦持此说。但是，这只是诸多说法中的一种。据南洋传说，郑和在古里病逝后，王景弘等命人将郑和遗体妥为装殓，回国后隆重安葬。夏季来临，酷热难当，船队行至爪哇时，王景弘不得不将郑和葬于爪哇三宝垄。今印尼爪哇三宝垄三宝洞旁的三宝墩，传为郑和墓。

《明史·郑和传》则载："自宣德以还，远方时有至者，要不如永乐时，而和亦老且死。"王鸿绪《明史藁·郑和传》，所载亦与之大同小异。以文中之意，郑和似卒于南京，南京牛首山郑和墓并非衣冠冢。清陈作霖《金陵物产风土志》曰："牛首山郑太监坟，即郑和埋骨处也。"

众说纷纭，莫衷一是，后世多以复杂的情感看待郑和，对待郑和下西洋的壮举。但终明一代，都没有一个人留下郑和的传记，《明宣宗实录》中，郑和第七次下西洋的记述，也写得有头无尾。直到清代张廷玉才在《明史》中留下"郑和传"；清朝即将灭亡，梁启超方著就《祖国大航海家郑和传》，郑和才广为世人知晓。中国历史上伟大的航海组织家郑和殁于何时，葬于何地，至今仍没有确切答案。但是，郑和绝对是魂归大海。

历时二十八年，遍访三十余国，郑和七下西洋无疑是人类征服海洋的又一壮举，也是中华民族在人类征服海洋的历史上留下的宏大篇章。在恩里克王子认为赤道周围是沸腾的海水，在非洲西岸徘徊不敢南行时，郑和船队早已越过赤道，到达了南纬三度左右的非洲东海岸麻林。达·伽马横渡印度洋的航线，欧洲人采用的西太平洋、印度洋间的诸多航线，实际上也是经由阿拉伯人的帮助，是对郑和航海成果的继承。郑和七下西洋建立起的亚非交通网，事实上即是15世纪世界地理大发现的先导。

郑和是继张骞、班超、法显、玄奘之后，对中西交通做出重大贡献的伟人，也为中国地理学树立了一块新的里程碑。《郑和航海图》《星槎胜览》《瀛涯胜览》《西洋番国志》中，记录的亚非地名约五百个，其中外国地名约三百个，许多外国地名在中国首次出现。郑和七下西洋，让中国人对亚非和外部世界有了更为清晰的了解。这些了解，既包括人情、风俗，同样包括政治、经济与社会，对中国社会的影响微妙而不可低估。

郑和下西洋，不仅是打通了为海盗所阻断的亚非海道，建立起横跨亚非的友谊桥梁，更将发达的中华文明最大限度地传播给了世界，加快了诸多国家的文明开化。大历史的视野下，中国资本主义萌芽产生的时间并不太迟，比较严谨的看法是在明代。郑和下西洋对手工业的直接推动，至少在经济现象上加快了资本主义性质的生产方式。

从《瀛涯胜览》《星槎胜览》《西洋番国志》《东西洋考》的记载看，郑和下西洋活动，直接带动了造船、陶瓷、纺织以及多种手工业的发展。据《明成祖实录》

记载，南京及沿海省份均设置了官办造船厂，就连安庆这样的沿江城市也加入了造船行列。最终，这里诞生了中国第一艘蒸汽机轮船"黄鹄号"。

在郑和下西洋期间，中国瓷器制造业迅猛发展。仅江西景德镇，民窑即达九百余座，普通民窑窑主雇工达数十人，从业人口达数十万之众。纺织业的发展同样显著，明政府统管的官府织造局遍及全国，除京师南京外，杭州、苏州、绍兴、金华、温州、宁波、徽州、宁国、广德、福州、泉州、成都、济南等地均设有织造局，纺织及印染技术也突飞猛进，民间织户亦如雨后春笋。在特定的历史条件下，这种现象若得以持续，必然促进资本主义因素的发生和发展，对社会变革产生重大而深远的影响。明成祖决策、郑和主导的七下西洋的壮举，充分展示出中华民族的聪明才智与气魄胆略决不输于西方，中华民族立于世界民族之林有着无比的民族自信。

促进世界文明的进程，是郑和下西洋的核心要义。正因为如此，1998年，《美国地理杂志》评选了千年来一百位在世界上产生重要影响的人物，郑和在入选的七位中国人中名列首位。

郑和永逝，大明的航海事业能够永存吗？宣德八年（1433年）六月二十一日，王景弘率领大明船队返回了南京太仓。

悠然而去渐远渐小，但见渺茫茫一发遥空只有天水相连……

6. 两个人的余波

"郑和以后，竟无第二之郑和！"《祖国大航海家郑和传》，梁启超先生之语振聋发聩。

其实，这并不是一个严谨史家的观点，也不是一个客观全面的观点。郑和之后，王景弘可谓"第二之郑和"。

王景弘（约1369—1437年），曾名王贵通，福建漳平人。历史有着惊人的相似，历史人物也有着惊人的雷同：王景弘与郑和，同于洪武年间入宫为宦官，一同奉事于燕王朱棣帐下，一同在"靖难之役"中立下军功。郑和七下西洋，王景弘无役不与，与郑和同为正使，甚至一同被人称作"三保"。明仁宗罢黜下西洋，王景弘又与郑和一道守备南京。郑和病逝古里，正是王景弘率队归返。

王景弘与郑和又同出内宫监，《明史》云："（郑）和及其侪王景弘等通使西洋。""其侪"，实在是神来之笔。正是这位郑和之"侪"王景弘，宣德九年（1434年）六月复以正使身份率队第八次下西洋，出使苏门答剌、爪哇等西洋诸国。

王景弘与郑和如影随形，但王景弘不是郑和的影子。郑和第七次下西洋前，明宣宗朱瞻基分别给郑和与王景弘御题了一首长诗。

明宣宗《赐太监郑和》：

> 或万有一敢拒逆，
> 尔时麾兵试一击。
> 丑类骈首歼锋镝，
> 逐致天威震蛮貊。

明宣宗《赐太监王景弘》：

> 昔时将命尔最忠，
> 大船摩拽冯夷宫。
> 驱役飞廉决鸿蒙，
> 遍历岛屿凌巨㹻。

明宣宗的诗谈不上太强的文学性，但他对二人看法则是非常精准的：郑和是一位卓越的组织者与指挥者，擅于统兵；王景弘精于航海技术精于航海组织，是真正的杰出航海家。庞大的大明帝国，有着无与伦比的人才优势。

王景弘出生于富有航海传统的地区，作为郑和的副手，更多的精力放在组织实施层面。远航前招募水手和造船工匠与督练水师，航海中负责针路与船队管理，海外基地的仓库建设等诸多方面，王景弘是一个难得的技术性官员。

在一些郑和下西洋题材的文学作品中，多虚构有郑和养子的离奇故事，从而营造强烈的艺术氛围。王景弘的嗣子王祯，则是一个无须虚构而又富有传奇色彩的真实人物。记录明代京内各卫所职官袭替补选情况的《武职选簿》，即载有王祯跟随郑和下西洋公干的史实，他在擒获伪王苏干剌战斗中立下功勋，被升为锦衣卫左所正千户。王景弘、王祯家族，至少有八代人在南京锦衣卫水军所世袭武职。父子同下西洋，王景弘与王祯是现存史料中记载的唯一一对。

较之于郑和，王景弘的文化素养也显得稍胜一筹。郑和识字无多，其写经《发心愿》曾在纽约苏富比拍出一千四百余万美元的天价，但真伪莫辨。晚年退居南京的王景弘，则将自己一身的航海经验著为《赴西洋水程》《洋更》等，成为明清航海的世间"秘本"。大国航海智慧的积累，王景弘有着更重要的贡献。

不仅精于航海与外交，王景弘同样谙熟于政治。清康熙版《宁洋县志》载："王景弘，集宁里人，明永乐间随太宗巡狩有拥立皇储功。"贴近帝王，获取帝王信任，王景弘事业有成且最终颐养天年。

王景弘一生最后的使命，是将郑和七下西洋带回的海量贡品运往北京。《明英宗实录》载："正统元年（1436年）三月丁卯朔，敕南京守备内外官员太监王景弘等，比闻南京永承运八库递年收贮财物数多，恐年久损坏，负累宫攒人等。""正统元年三月甲申，敕王景弘等于官库支胡椒、苏木等三百万斤，遣官运至北京交纳，毋得沿途生事扰人。"再据《明英宗实录》卷十八记载"正统元年六月己巳，南京装运胡椒、苏木马快船一百艘至京"。

三百万斤胡椒、苏木等海量的西洋贡品正是由王景弘负责，由大运河从南京运抵北京。正统二年（1437年）后，《明实录》及其他史籍再无王景弘的记载。

王景弘遗存至今的实物，是一块四十厘米见方的石板。这块被南京市民使用的

"地砖"，考古工作者称之为"王景弘地券"。

地券是古人陪葬的明器，模拟世俗中的土地交易，向鬼神购买阴宅的土地使用权，地券即相当于双方的书面契约。正统元年（1436年），王景弘在南京安德门外购买了一块这样的土地，作为自己的长眠之所。"冥冥何所须？尽我生人意。"作为一名人生充满残缺与遗憾的宦官，王景弘希望在这样一块属于自己的土地里安身。他没有料到自己会因下西洋的壮举而获得永恒，他更没有料到自己留下的这块"地砖"，又成为大明下西洋壮举的见证。

王景弘是郑和之后下西洋的接力者，似乎接的是最后一棒。但大明是一个泱泱大国，不会因郑和的故去而使下西洋难以为继，也不会因王景弘的故去而后继无人。

明仁宗享国日短，明宣宗亦仅享国十年。这对父子在大政要事上，一个说不再下西洋，一个说这样不太好吧！一个说要还都南京，一个说何必那么着急呢？封建制度下的人亡政息，无时无刻不在影响国家的前途与民族的命运。

三十八岁的明宣宗英年早逝，明英宗朱祁镇（1427—1464年）继位时年仅九岁。正统六年（1441年），十四岁的明英宗重定北京为国都，称京师，罢称"行在"，首先让爷爷与父亲争论不休的还都南京之事正式了结。至于下西洋，还真没有在他手上戛然而止。

大明下西洋的终结者，后人挑中的又一个历史人物是刘大夏。这个人与夏原吉一样，被历史的车轮碾得够惨。

刘大夏（1436—1516年），字时雍，号东山，湖广华容（今湖南）人。

刘大夏是个寿星，历明英宗、宪宗、孝宗、武宗四朝，八十一岁去世。刘大夏又是个阅历丰富的官员，从地方到中央，在经济、监察、军事等多岗位历练。李东阳称其"与物无忤，临事有为"，杨廷和赞其"清修刚介，而中实坦易"，他与王恕、马文升合称"弘治三君子"，刘大夏在道德层面堪称完美。

这样一位优秀官员，怎么成了为明代下西洋画上句号的"保守势力"代表呢？明代的诸多史料中，都记载了刘大夏阻止明宪宗朱见深拟下西洋的故事，并且故事的开头基本一致：

明宪宗准备重下西洋，派太监到兵部"诏索郑和出使水程"，以便做出合理的决策。兵部尚书项忠赶紧让手下的人去找，结果找了三天居然没有找到。

朝廷将"郑和出使水程"保存在兵部档案库，视其为国防机密，可见对下西洋之举是十分看重的。"库中案卷宁能失去？"项忠迟迟见不到这份重要档案，气得大声训斥这名小吏，甚至还要动手打人。

兵部尚书气急败坏，负责"三军仪仗队"的车驾郎中刘大夏，在一旁啥也不说，只管摇头晃脑，独自一个人坏坏地笑。

然后，刘大夏就说出了那段下西洋没用的"名言"——纵得珍宝，于国何益。

"郑和出使水程"等档案找不着，刘大夏肯定从中做了手脚。刘大夏到底做了什么手脚呢？后人的观点，基本上分裂为两派：一种认为是刘大夏"焚之"，即烧掉了；一种认为是刘大夏"匿之"，即藏起来了。

认为"焚之"的，只有顾起元《客座赘语》。认为"匿之"的，则有焦竑《玉堂丛语》，严从简《殊域周咨录》，万表《灼艾余集》，陆树声《长水日抄》，张岱《快园道古》等。

刘大夏"破坏公物"一事，在林俊的笔下本可盖棺定论。林俊是刘大夏的同事与好友，刘大夏逝后林俊为其作《光禄大夫太子太保兵部尚书赠太保谥忠宣刘公神道碑铭》。在这篇碑文中，林俊总结了刘大夏光辉灿烂的一生，然后写下了这样一段："中贵人献取交南（即安南）策，索故籍，匿其籍。"

文字简短，意思艰深，林俊到底说的是刘大夏干的什么事呢？《明史·刘大夏传》做了相应的展开："汪直好边功，以安南黎灏败于老挝，欲乘间取之。言于帝，索永乐间讨安南故牍。大夏匿弗予，密告尚书余子俊曰：'兵衅一开，西南立糜烂矣。'子俊悟，事得寝。"

明成祖时代，安南为大明的"交趾布政使司"，老挝为大明的"老挝军民宣慰使司"。大明国力不支，这些地方先后独立，但日子也没有从此好过起来。"安南黎灏败于老挝"，对大明收复安南确实是个机会，太监汪直就是这么鼓动皇上的。所谓的"安南故牍",指的就是永乐年间讨伐安南的军事资料。刘大夏认为趁机收复安南并不现实,可能狐狸打不着,反惹一身骚,便将"安南故牍"藏匿不给。

至于"郑和出使水程"之事,林俊《刘公神道碑铭》与《明史·刘大夏传》均未采信。即便刘大夏真的藏匿或焚毁了"郑和出使水程",与明朝终结下西洋也没有太大的关联。郑和下西洋时,本来就没有"郑和出使水程"。没了"郑和出使水程",还有王景弘新著的《赴西洋水程》《洋更》等。举大明之力,备齐一套航海资料根本不在话下。

严行禁海,罢下西洋,是大明帝王与国家意志的体现,也是大明国家安全战略的转变,更重要的源头其实在于制度。夏原吉也好,刘大夏也罢,都只是这秋天中的一叶。

7. 制度的绞索

夏原吉、刘大夏眼里的钱,对实施下西洋确实至关重要。郑和七下西洋,也确实支费浩繁,甚至比夏原吉、刘大夏看到的更多。

郑和下西洋的财政支出,实际包括三大方面:给予西洋番国的各种赏赐,航海人力成本与造船成本。据粗略统计,永乐年间的新建、改建海船计有两千艘,每艘宝船造价约在五六千银两。人力成本同样惊人,仅永乐九年(1411年)六月,明成祖即一次赏赐下西洋官兵钞"凡二十万锭"并彩币等,这还不包括下西洋伤亡人员的抚恤,而明初国库岁支,每年不足三百万两。

财力不支,对下西洋的影响最为直接,但又是表象。西方哥伦布、达·伽马、麦哲伦的大航海,恰恰就是因为"缺钱",事实上这种"缺钱"形成的利益驱动,反而成为欧洲人走向大海的内在动因。

中西方在走向海洋上的差异,更在于"制度",反对下西洋的夏原吉、刘大夏们，嘴上强调的是"钱"，心里惦记的少不了一个"权"字。

明朝是一个政治制度极为特殊的王朝，集权与分权均与前朝不同。《皇明祖训》载："自秦始置丞相，不旋踵而亡。汉、唐、宋因之，虽有贤相，然其间所用者多有小人，专权乱政。今我朝罢丞相，设五府、六部、都察院、通政司、大理寺等衙门，分理天下庶务，彼此颉颃，不敢相压，事皆朝廷总之，所以稳当。以后子孙做皇帝时，并不许立丞相。臣下敢有奏请设立者，文武群臣即时劾奏，将犯人凌迟，全家处死。"

朱元璋说得没错，从秦朝开始中国就出现了丞相制，这也是中国政治文明的一大进展。皇帝与丞相之间是个什么关系呢？通俗地讲，就如同"董事长"与"总经理"。废除丞相，则意味着皇帝"董事长"要兼任"总经理"。这样的全才，现实当中是很难找到的。

明朝的皇帝一天有三次朝，即早朝、午朝、晚朝。上完朝不等于是下班，还有更多的事在那里堆着呢！据统计，洪武十七年（1384年）九月十四日至二十一日，八天中内外诸司送到皇宫的奏章便有1160件，汇报的事情3291件。平均一天看150道奏章，处理400多件重大事务，这个皇帝只有朱元璋能胜任，因为人家不仅脑子聪明，而且从小练的就是体力活，随便喝口白菜汤，照样拎刀上马向前进。深宫里长大的后代，经不起这般折腾。

明成祖朱棣勉强还行，但也感到有些力不从心。这位雄主，不敢违反"祖训"，但打了个"擦边球"：设立内阁。明朝的内阁"一把手"首辅，也俗称"宰相"，其实只是个"秘书长"。内阁首辅的权力，本质上来源于皇帝的授权，而不具有职务本身"法定"的成分。

皇帝除了授权内阁，还授权内宫，就是备受社会歧视的太监们。所以，如果要说明朝有丞相，那么至少就有两个："外相"内阁首辅，"内相"内宫太监。皇帝的授权是有限的，"外相"多"内相"就少，"内相"多"外相"就少，这像是一道简单的算术题。内外相之间的权力冲突，便成了明朝"永恒"的主题。

明朝的下西洋活动，始终是由太监主导的。明眼人肯定看出来了：作为"外相"领导下的文臣，如果不反对郑和下西洋，那心胸似乎也太开阔了。

在永乐朝的文臣队伍中，袁忠彻是个特殊的文官。袁忠彻与郑和都是明成祖的心腹，曾是郑和下西洋的积极支持者。但是，袁忠彻同样又是后来郑和下西洋的坚决反对者。

袁忠彻喜欢装神弄鬼，又不失为一个正直官员。《明史·袁忠彻传》载：有阵子明成祖爱上了吃"仙药"，脾气吃得不同凡响。袁忠彻入宫时规劝明成祖："这仙药是假冒伪劣药品，好人都会吃生病的。"明成祖一听就来脾气了："不吃仙药，难道吃凡药?!"听皇帝这么说，袁忠彻难过得掉下了眼泪，旁边的两个宦官直接哭了起来。

让人围在身边哭，分明就是办丧事的情景，明成祖不好意思揍袁忠彻一顿，让人把两个宦官拖出去狠揍了一通。

利用与皇帝的这种特殊关系，袁忠彻曾当面向明成祖"谏取宝之非"。从支持到反对，袁忠彻并无一己之私，更不是与郑和的关系闹崩了，而是鉴于朝廷"库藏为虚"。这似乎还是一个"钱"的问题，而朝廷缺钱，同样又是一个制度问题。

朝廷缺钱与制度能有什么关系？《皇明祖训》对皇室成员封爵，规定了明确的"职制"，凡是太祖的后裔，都有优厚的待遇。明太祖虽是一位雄才大略的开国君主，但对"财富是按算术级数增长，人口是按几何级数增长"的人口理论，则非常陌生。太祖自己生了20多个儿子，那时整个宗室人口也仅58人。到万历二十三年（1595年）再看，坏了，载于玉牒的宗室人口，已是157000多。

王世贞《皇明盛事》载：有个庆成王，儿子就生了100个。按照《皇明祖训》的规定，庆成王这100个儿子，长子要世袭为王，剩下99个全得封镇国将军。一个镇国将军，年俸1000石，国库中一年十几万石粮食就没了。嘉靖三十一年（1552年），全国税粮2285万石，各王府岁禄853万石，占了37%，超过全体公务员的工资总和。嘉靖四十一年（1562年），山西各粮仓存粮152万石，全部付给该省的皇亲，还欠61万石！这种制度的死结，除了改朝换代，"归零"甩包袱，没有其他解决办法。

当然，朝廷可以发展经济，增加国库收入，解决这种制度形成的刚性支出难题。但是，这又与封建根本制度形成冲突。

自两汉以来，"重本抑末"亦即"重农抑商"保护自然经济的政策，两千多年里为历代因袭。宣德帝朱瞻基曾看到农民种地很辛苦，劝其经商，挣钱多，活也轻松。这种态度，在封建帝王中算是最为开明的。

但是，这只是宣德帝朱瞻基一时的意向，普通农民若真的去经商，那是相当困难的。明朝立国之初，太祖即强调"使农不废耕，女不废织，厚本抑末，使游惰皆尽力田亩"。《大明会典》："凡军民人等，但出百里，即验文引，如无文引，必须擒拿送官。"

围绕"厚本抑末"的国策，明朝一系列的制度应运而生。"户籍乡贯"制度规定：平民分为民籍、军籍、匠籍等，民籍户口属于户部、布政司、府、县这条线管理，军籍户口属于兵部、都司、卫所这条线管理，匠籍属于工部直接管理。平民的政治地位谈不上等级，择业则是受到严格限制的。

身份变不了，居住地同样不能随心所欲。明朝建立了一套完备的户籍管理制度，核心内容即为"里甲制"，规定每一百一十户为一里（城中称坊，近城称厢），其中选富户十户为里长，其余一百户分为十甲，每甲选出一户为甲首。里长、甲首皆轮流担任，十年轮换一次，主要负责管束所属人户，督促生产，调解纠纷，以及编造黄册等事宜。

《大明会典》中的"文引"是什么意思呢？就是将人口严格绑定于土地或居住地，百姓外出还要持有官方发给的"路引"，凡去百里之外而无官府发放的路引者，均可擒拿送官，告发、擒拿者有赏，纵容者问罪。凡行医卖卜之人，只能在本乡活动，否则治罪。农民只允许在一里地范围内活动，出入作息，家里有几口人，都从事什么职业，邻里间必须互相知晓。

出门都这么难，还怎么做生意呢？但这些死办法，在流民遍野、田园荒芜的建国之初，显然是必要的，也是有特效的。制度不能与时俱进，社会也只能死水微澜。而制度的改革，明显又是一把双刃剑：中国封建社会得以延续两千余年，重要原因就是力奉"重本抑末"的自然经济保护；打破这种自然经济，意味着对封建基础的根本性颠覆。在特定的历史条件下，倚重商业也是一把双刃剑，西班牙因大航海而崛起为世界大国，百年兴盛后即因过度地商业损坏农耕而归于衰亡。以什么样的经济形态立国，不是简单的选择问题，孰轻孰重，大明王朝帝王们的眼睛同样是歹毒的。

恩格斯在《论封建制的解体及资产阶级的兴起》中深刻地论述道："航海事业是一种毫无疑义的资产阶级的企业，这种企业的反封建的特性，也在一切现代舰队上打上了烙印。"封建制度的基础是自给自足的自然经济，航海事业与海外贸易，亦即与商品经济可谓孪生兄弟。航海事业的发展，可以直接带来商品经济的繁荣，而这种繁荣又以封建制度的灾难性后果为代价。没有一个封建统治者愿意看到这种后果。郑和下西洋终结的根本原因，其实是在这里。

郑和下西洋与哥伦布、达·伽马的大航海，斯塔夫里阿诺斯在《全球通史》中同样做出了深入的分析。比较的结果，斯塔夫里阿诺斯同样归于制度，"牟利的欲望"退于次位。

《全球通史》写道："明朝1405至1433年间的七次远航，都是在一个名叫郑和的宦官的指挥下进行的。这些探险的规模和成就之大令人吃惊……然而，中国这些伟大的远航探险到1433年却由于皇帝的命令而被突然停止。停止的原因正如开始的原因那样，至今仍是个谜。但是，这里值得注意的一点是：在欧洲这种停止完全是无法想象的。中国的皇帝能够并的确发布过一道道对整个国家有约束力的命令；相比之下欧洲则绝无这样的皇帝，这里只有一些互相对抗的民族君主国，它们在海外冒险事业方面互相竞争，而且没有任何帝国权威阻止它们这样做。西北欧的商人也与中国的商人完全不同，他们有政治权力和社会声望，这保证了任何禁止海外冒险事业的法令都是不可能实施的。"

抬望眼，空悲切，轰轰烈烈的郑和下西洋就这样归于宿命。没有制度上的根本突破，任何举措都是挣扎。

8. 大海与长城

既有的制度前提下，大明需要以怎样的举措作为国家的安全战略呢？

即便以一种现代的眼光，整个明前期的大明王朝，都不失为名副其实的天朝大国，治国谋略亦颇具政治智慧——东、西洋之中，日本混乱，海岛诸国弱小，大明在东亚并无对手；波斯的萨法维王朝与印度的莫卧儿王朝，都还在襁褓之中，西域大国还看不出踪影；横跨欧亚的俄罗斯帝国，刚刚挣脱大蒙古的控制，莫斯科"城中村"的色彩还比较浓；后金（清）的祖宗女真，正按照大明的旨意在松花江一带捕鱼、打猎。环顾周边，东南亚诸国更不足以胁迫大明。

真正对大明构成威胁的，只剩下陷于分裂状态的蒙古旧部。紧盯咬紧北部蒙古，大明也就有了社稷江山的安稳——其实，这又不是大明王朝的独有问题，而为数千年里中原王朝所共存。

"秦岭—淮河"线穿过中国的中部，农耕、游牧源于地缘，文明的冲突深入骨髓。中国固有的地理环境，形成了中国特有的国情。郑和下西洋之时，发现新大陆的哥伦布，发现新航线的达·伽马还没有出生。西班牙、葡萄牙"地理大发现"时，罢黜下西洋的大明王朝也不是在闲着。他们在做一件最要紧的事，同时比郑和下西洋更费钱的事——修长城。

现代技术勘测的明长城，共计 8851.8 千米。据历史学家估算，明朝修建长城的费用，一般在每千米 7700 两白银，高则达每千米 31500 两白银。累计费用，在郑和下西洋的 10 倍以上。

当然，这是终明一代的费用总和。更重要的是，修筑长城是封建王朝抵御外敌的生存需要，而郑和下西洋又显得是封建统治者一时政治安定的需要，以及寻求海外奇珍的生活需求。需要因财力而权衡时，取舍也就不言而喻。

空间意义上的长城是万里，时间意义上的长城是千年。两千多年里，无论秦、汉、隋、唐，还是宋、元、明、清，十多个朝代都不同规模地修筑长城。长城真的很复杂吗？其实它就是一道篱笆墙，对大明尤其是这样。

长城是农耕与游牧区的分界线，与大明朝的北部边界高度重合。长城内的汉地十三省，乃明帝国的根本，"兴兵轻伐，我亦不祥"，明太祖不主张轻易对外用兵，但"有为患于中国者，不可不讨"。一旦外敌越过长城，踏入汉地十三省，那就必须直接开战。明朝开国以来，边界几乎连年开打，山海关到大同一线尤甚，集中于大同、宣府、蓟州，全部位于外长城之内。

万里长城，不过几米的宽度，蒙古诸部军事势力攻破长城，又可谓是轻而易举。明太祖与明成祖时代是以盛对衰，军事上主动出击，持续对蒙元残余势力实施重拳打击。明成祖五征漠北，也便有了与郑和七下西洋在时间上的高度重合。

强大的军事打击，终令蒙元残余势力不敢越长城一步，甚至长城一线外的五十里非军事区也很少出现敌人的影子。明太祖、明成祖时代的国势强劲，长城的修筑仅见于小规模的修复工程。

大明的国势衰微，同步于禁绝下西洋活动与长城修建工程的大举上马。明嘉靖年间，东南沿海的倭患十分严重，涌现了戚继光等一批抗倭英雄。打完东南沿海的倭寇，抗倭英雄戚继光也到北方修长城去了。

戚继光上任后，提出的边墙修整计划十分庞大。其《请建空心台疏》中，一次即提出修筑墩台三千座。巨额的修建费用吓得兵部不敢上报，朝堂上更是充满非议，远比反对郑和下西洋时的声音强烈。明穆宗与首辅反复磋商，最终还是咬牙决定同意了戚继光的奏请。仅隆庆三年（1569年），戚继光等即"筑成敌台四百七十二座"，隆庆五年（1571年）全部完成。

戚继光修长城与郑和下西洋，引发的非议程度几乎是相似的，但最终却有了不同的结果。

这里不妨做出一个大胆的假设：如果下西洋活动一以贯之，大明的东南沿海会不会免于倭患？

这个问题的答案是肯定的，但实现的可能性几乎为零。一边要修长城，一边要远航大海，两边掏钱，大明王朝活不到这一天。

现代经济学上"比较利益"的客观存在，决定了海外（国际）贸易可以带来巨大的经济利益。逻辑上郑和下西洋，是完全可以产生巨额利润，推动大明国家机器更有效地运行的。但是，前提是至少跨越文明与制度的门槛。

大明这两道门槛的不可逾越性，通过西班牙伊莎贝拉女王与哥伦布签订的《圣塔菲协议》就可以一目了然。

《圣塔菲协议》规定：哥伦布如果探险成功，除了获得政治权力，同时拥有那些领地内相应的财富与衍生的经济利益，发现并占领一切能够据为己有的土地。

哥伦布将这种权益发挥到了极致。登陆巴哈马群岛后，哥伦布性侵了只有九岁的女孩，并在航海日记中愉快地写道："就像买卖庄稼一样，一百个西班牙币就能买到一个美人儿，这种买卖非常普遍，有无数商人求购姑娘，特别是那些九至十岁的小美人儿们供不应求。"

1495年，哥伦布全副武装的部队带着猎犬，将当地上千手无寸铁的平民尽行屠杀，并用杀戮与强奸满足自己的手下。而郑和出使西洋，旨在宣扬王道、教化民众。明成祖在给郑和的诏令中表达得十分明确："四方海外诸番王及头目人等：朕奉天命君主天下，一体上帝之心，施恩布德……尔等祗顺天道，恪守朕言，循理安分，勿得违越，不可欺寡，不可凌弱，庶几共享太平之福。"

伊莎贝拉女王与明成祖，哥伦布与郑和，两种不同的文明背景，派生出了两种截然不同的价值观念。哥伦布临死前向上帝忏悔时，真诚地将自己对印第安人的屠杀，视为自己对上帝的虔诚。这对东方的郑和来说，完全是一种不可想象的事情。

1492年4月17日，《圣塔菲协定》签订时，平民哥伦布与伊莎贝拉女王已整整讨价还价了三个月。女王与平民之间，是平等的"甲方"与"乙方"。双方谈不拢时，哥伦布立马走人。伊莎贝拉女王觉得，有争议的权利与义务条款双方可以再商量，又派人将哥伦布追了回来。

这又是二者制度上的差异。明太祖朱元璋也曾找过商人沈万三，旨意是让商人无偿地掏钱修城墙。沈万三不但不敢走人,而且发自内心地倍感荣耀,说自己还可以掏钱犒劳军队。朱元璋听后,既不说是,也不说否,毫不犹豫地将其充军云南。

无论是大明的开国君主,还是后继的守成君主,都不可能在根本制度上有所逾越。这就是哥伦布船队与郑和船队分道扬镳的源头,也是郑和船队中不可能有商人船队的缘由。明成祖赋予郑和船队海上贸易的权力,即以庞大的国家海上贸易船队,替代元末东南沿海地主的私人海上贸易,堵塞制度残存的缝隙。一旦制度的漏洞全部堵牢,下西洋船队也就失去了最后的动力。

不同的文明背景与制度前提,决定着郑和船队的航向。明成祖说下西洋,郑和到了古里;明成祖说更远国,郑和到了东非海岸。郑和的智慧与勇气,只在于战胜万千险阻,而不是自由地冒险与探险。

基于封建制度,期待比明成祖更圣明的君主出世,这本身就是一个悖论。没有对既有制度与文明的否定,大明永远都不会迈过这两道门槛,下西洋活动只能无疾而终——只有这么一个结果,并且必然。雄心万丈的郑和船队,不可能再有更大的发现。即使意外地发现新大陆,也就是刘大夏所言的"于国何益"。

没有人甘心接受这样的结局。1492年10月,哥伦布横渡大西洋发现美洲新大陆,凭借的仅是三艘船与八十七名水手。郑和船队曾是何等的不可一世,不发现美洲实在是可惜。

加文·孟席斯在《1421年:中国发现世界》一书中,大胆地提出郑和船队在1421年即到达过美洲,还造访过澳大利亚!

但是,加文·孟席斯只是英国的一名退役军官,研究历史是业余的,论文也经不起专业推敲。郑和的这些"发现",只是孟席斯善意的假想。

一个民族需要有自信与自豪感,但不能将历史的片段归于虚无的荣耀。从历史反思的角度上讲,一个大国放弃海洋注定是危险的。明朝放弃了,清朝放弃了,直到西方列强完成海上围堵,睁眼看世界的中国人才重新想到历史上的郑和。

这个被重新审视的郑和,其实是一个大国应有作为的标本,而不是一段下西洋的传奇。真正的遗憾就是,大明虽然不再有郑和下西洋的壮举,郑和却始终没有远离大明皇帝的视野。明英宗想到过郑和，明宪宗也也想到过郑和，永乐之后的所有大明帝王对郑和都不陌生。明太监刘若愚《酌中志》载："龙德左殿、崇仁右殿，正中广智，殿之后则飞虹桥也。桥以白石为之，鉴狮、龙、鱼、虾、海兽，水波汹涌，活跃如生，云是三宝太监郑和自西域得之，非中国石工所能造也。"这座与郑和密不可分的桥，大明的末代皇帝朱由检依旧从桥面走过。

明熹宗朱由校，对郑和下西洋记忆犹新。这是一位心灵手巧的大明皇帝，刀锯斧凿、丹青髹漆之类的木匠活无一不精，尤其擅长制作精巧绝伦的木傀儡，然后带着宦官表演娱乐。《酌中志》载："木傀儡戏，其制用轻木雕成海外四夷蛮王及仙圣、将军、士卒之像，傀儡表演的内容，"或英国公三败黎王故事，或孔明七擒七纵，或三宝太监下西洋"……

没有人能匡正既有的历史，但历史始终是一面镜子。当这面镜子不能用于知得失时，无疑就成了一面自娱自乐的哈哈镜。

参考书目

1. 陈懋恒：《明代倭寇考略》，北京：人民出版社，1957 年。
2. 崔瑞德、牟复礼：《剑桥中国明代史》，张书生译，北京：中国社会科学出版社，2006 年。
3. 巩珍：《〈星槎胜览〉校注》，冯承钧校注，北京：中华书局，1954 年。
4. 巩珍：《西洋番国志》，向达校注，北京：华文出版社，2017 年。
5. 谷应泰：《明史纪事本末》，河北师范学院历史系点校，北京：中华书局，2015 年。
6. 胡丹：《明代宦官制度研究》，杭州：浙江大学出版社，2018 年。
7. 胡启生：《海洋秩序与民族国家》，哈尔滨：黑龙江人民出版社，2003 年。
8. 黄仁宇：《中国大历史》，北京：生活·读书·新知三联书店，2014 年。
9. 黄云眉：《明史考证》，北京：中华书局，1979 年。
10. 纪念伟大航海家郑和下西洋 580 周年筹备委员会、中国航海史研究会：《郑和家世资料》，北京：人民交通出版社，1985 年。
11. 纪念伟大航海家郑和下西洋 580 周年筹备委员会、中国航海史研究会：《郑和下西洋》，北京：人民交通出版社，1985 年。
12. 纪念伟大航海家郑和下西洋 580 周年筹备委员会、中国航海史研究会：《郑和下西洋论文集》，北京：人民交通出版社，1985 年。
13. 纪念伟大航海家郑和下西洋 580 周年筹备委员会、中国航海史研究会：《郑和研究资料选编》，北京：人民交通出版社，1985 年。

14. 纪念伟大航海家郑和下西洋 580 周年筹备委员会：《郑和下西洋论文集》，南京：南京大学出版社，1985 年。

15. 丽贝卡·斯蒂福夫：《达·伽马和其他葡萄牙探险家》，吕志士、马建威译，北京：世界知识出版社，1998 年。

16. 刘若愚：《酌中志》，冯宝琳点校，北京：北京出版社，2018 年。

17. 龙文彬：《明会要》，北京：中华书局，1956 年。

18. 马欢：《明钞本〈瀛涯胜览〉校注》，万明校注，北京：海洋出版社，2005 年。

19. 毛佩奇：《中国大通史》（明代卷），北京：学苑出版社，2018 年。

20. 孟森：《明史讲义》，北京：中华书局，2012 年。

21. 钱穆：《国史大纲》，北京：商务印书馆，2010 年。

22. 钱穆：《中国历代政治得失》，北京：生活.读书.新知三联书店，2018 年。

23. 塞·埃·莫里森：《哥伦布传》，陈太先、袁大中、陈礼仁译，北京：商务印书馆，2014 年。

24. 上田信：《海与帝国：明清时代》，高莹莹译，桂林：广西师范大学出版社，2014 年。

25. 斯塔夫里阿诺斯：《全球通史》，董书慧、王昶、徐正源译，北京：北京大学出版社，2005 年。

26. 宋濂等：《元史》，北京：中华书局，2000 年。

27. 谈迁：《国榷》，张宗祥校，北京：中华书局，2006 年。

28. 汤纲、南炳文：《明史》，上海：上海人民出版社，2013 年。

29. 韦庆远：《明清史新析》，北京：中国社会科学出版社，1995 年。

30. 吴晗：《明史简述》，北京：北京出版社，2018 年。

31. 夏燮：《明通鉴》，沈仲九点校，北京：中华书局，2014 年。

32. 佚名：《两种海道针经》（《顺风相送》《指南正法》），向达校注，北京：中华书局，1982 年。

33. 张廷玉：《明史》，北京：中华书局，2000年。

34. 赵克生：《明代国家礼制与社会生活》，北京：中华书局，2012年。

35. 郑鹤声、郑一钧：《郑和下西洋资料汇编》，北京：海洋出版社，2005年。

36. 中研院历史语言研究所：《明实录》，黄彰健校勘，北京：中华书局，2015年。

37. 朱永嘉：《明代政治制度的源流与得失》，北京：中国长安出版社，2015年。